家族支援の実証的研究

家族援助研究会【編著】

文化書房博文社

はしがき

　平成16年5月全国保育士養成協議会総会の後、当時副会長をしていた小館静枝先生（小田原女子短期大学長）から家族援助の研究をすすめられたのがこの研究の始まりであった。同年7月に最初の研究会を開催した。当初のメンバーは阿部和子（聖徳大学女子短期大学）長島和代（小田原女子短期大学）それと私（武蔵野大学）の3名であった。

　その後研究会のメンバーに大久保秀子（浦和大学）田中利則（湘北短期大学）鳥海順子（山梨大学）斎藤正典（相模女子大学）杉崎敬（立教大学）の5名が加わり、全国保育士養成協議会からの研究助成を受け、毎年研究テーマを決め、調査研究をすすめることが出来た。その結果は所属する各大学の研究紀要に発表した。

　家族援助研究会を組織して約10年たったことから、今年はいままでの研究成果を一冊にまとめてみようということになり、本書（家族支援の実証的研究）が企画されたわけである。

　野生児や孤立児といった特殊な例を除いて、一般に子どもは家族の中に生まれ、家族の中で育っていく。家族とは夫婦・親子・きょうだいなど少数の近親者を主要な成員とし、成員相互の深い感情的包絡で結ばれた、第一次的な福祉追求の集団である。（森岡清美）しかし、あまりにも身近な存在である家族は、時として子どもに被害を与える病理集団ともなりうるものである。特に児童虐待の著しい増加にみられるように、近年においてはその傾向は増大しているように思われてならない。

　保育士は専門知識及び技術をもって、児童の保育及び児童の保護者に対する保育に関する指導を行う者である。子どもの最も身近にいる児童福祉の専門家であり、子どもの最善の利益を守る人でなければならない。そのためにも家族

援助、家族支援の必要性はより大きくなっていると言わざるを得ない。

　本書は平成14年度から保育士養成科目となった「家族援助論」について約10年にわたる研究成果を編集したものであり、現在「家庭支援論」を教授している先生方や、保育・養護の臨床を担当している皆様に参考になれば幸である。

　本書の元になった初出論文について記しておきたい。

①阿部和子・米山岳廣・長島和代　「家族援助論」に関する研究Ⅰ——保育士養成における「家族援助論」のあり方を考える—　児童学研究——聖徳大学児童学研究所紀要第8号　2006年3月　聖徳大学

②長島和代・阿部和子・米山岳廣・大久保秀子　保育士養成における「家族援助論」の研究Ⅲ——家族援助論に関する教材研究——小田原女子大学短期大学研究紀要第38号　2008年3月　小田原女子短期大学

③田中利則・米山岳廣・阿部和子・大久保秀子・長島和代　保育所における家族援助の実態に関する研究　湘北紀要第30号　2009年3月　湘北短期大学

④米山岳廣・田中利則・大久保秀子・鳥海順子・阿部和子・長島和代　乳児院における家族援助の実態に関する研究　武蔵野大学人間関係学部紀要第8号　2011年3月　武蔵野大学

⑤米山岳廣・田中利則・大久保秀子・鳥海順子・斉藤正典　母子生活支援施設における家族援助の実態に関する研究　武蔵野大学教職研究センター紀要第1巻第1号　2012年3月　武蔵野大学

⑥米山岳廣・田中利則・大久保秀子・鳥海順子・斉藤正典・杉崎敬　母子生活支援施設における家族援助の実態に関する研究（Ⅱ）　武蔵野大学教職研究センター紀要第2号　2013年3月　武蔵野大学

他にこの家族援助に関連した論文は

①阿部和子・長島和代・米山岳廣　保育士養成における家族援助論の研究Ⅱ
　全国保育士養成協議会平成 17 年度関東ブロックセミナー報告書　2006 年
　12 月　社団法人全国保育士養成協議会関東ブロック協議会
②米山岳廣・阿部和子・大久保秀子・長島和代・田中利則　保育・養護臨床に
　おける家族援助の研究　会報保育士養成 No.60　社団法人全国保育士養成協
　議会

を発表している。

　書名について言及しておきたい。社会学では「家族」（family）といった言
葉が使われることが多く、家政学では「家庭」（home）が一般的に用いられて
いる。また、家族が近親者による「集団」を意味するのに対し、家庭は「家族
が生活を営んでいる場」を意味していると理解されている。書名を「家族支
援」としたのは子どもを主な対象としつつも、子どもの福祉を実現するために
は、家族関係をも含んだ家族全体の福祉の実現が不可欠であり、ソーシャルワ
ーク（援助活動）のみならず、保育士も児童福祉制度の活動や地域にある社会
資源の有効な利用をも視野に入れなければならないと考えたからである。

　最後に、本研究を実施するにあたり多くの皆様のご支援とご協力・ご指導に
対し、深く感謝申し上げます。また、出版にあたりいろいろとご配慮いただい
た文化書房博文社編集部岡野洋士氏に謝意を申し上げたい。

2017 年春

家族援助研究会を代表して

米山岳廣

目　　次

はしがき　*3*

第1章　現代社会と家族支援……………………………………………………… 9
1．家族の変容　*9*
2．家族の児童養育力の低下　*12*
3．児童福祉から児童・家族福祉へ、そして家族支援へ　*16*

第2章　保育士養成における「家族援助論」の課題…………………………… 18
1．研究の目的と科目の概要　*18*
2．方法と対象　*22*
3．結果と考察　*22*
4．残された課題　*34*

第3章　家族援助（支援）論における教材研究………………………………… 35
1．本研究の意義と方法　*35*
2．「2005年調査」における教材分析　*38*
3．教材を用いた授業展開の検討　*46*
4．特色ある教材活用と教授法の事例　*55*
5．「2005年事例調査」における教科書の再分析　*58*
6．家族援助論の必修化当時における教材及び教授法の再検討　*60*
7．「家族援助論」の教材及び教授法をめぐる課題　*66*
8．課題と展望　―まとめにかえて―　*74*

目　次　　7

第4章　保育所における家族支援の実態に関する研究……………………… 78

　1．研究の目的と方法　*78*

　2．調査対象と方法　*79*

　3．調査票の特徴　*80*

　4．単純集計の結果と考察　*80*

　5．数値化理論Ⅰ類

　　　―各種保育事業が常勤および非常勤職員数に与える影響　*91*

　6．相関分析の結果と考察　*93*

　7．単純集計及び相関分析の総括　*107*

　8．家族支援に関する課題　*109*

第5章　乳児院における家族支援の実際………………………………………112

　1．乳児院について　*112*

　2．乳児院の子育て支援事業について　*116*

　3．子どもの心の発達と養育者の関わり方　*121*

　4．乳児院の事例から学ぶ家族援助の実際　*137*

　5．乳児院に残された課題　*147*

第6章　母子生活支援施設における家族支援の実際……………………………149

　1．母子生活支援施設とは　*149*

　2．母子生活支援施設における母子家庭などへの支援サービス　*153*

　3．母子生活支援施設における地域全体への支援サービス

　　　（地域福祉サービス）　*161*

　4．母子生活支援施設の実際　*168*

第1章　現代社会と家族支援

1. 家族の変容

　1920 年代、インドのゴタムリという村の近くの森でオオカミと一緒に住んでいた女の子が妹（？）とともに発見された。おそらく赤ん坊のとき、母オオカミにつれてゆかれ、乳を与えられて育てられたのだろう。彼女は、孤児院にいれられ、カマラとなづけられて教育されることになったが、当時、8 歳と推定された。（妹のほうは残念なことに、じきに死んでしまった。）

　カマラの性質は最初、まったくオオカミと同様であった。食物は手を使わずにペチャペチャ食べるし、昼は、ねていたり、ぼんやりしていながら、夜になると遠吠えをした。四つ足で歩き、すばしこくて、つかまえることは、なかなかむずかしかった。

　このような性質はいつまでも消えず、孤児院にきて 2 年たってからも、死んだニワトリをみつけて、これを四つ足でおさえ、茂みにもっていって、むさぼるように食べたことがあった。

　二つ足でたつこと、自分でコップをもって飲み、二つ三つのコトバがいえるようになるまでは 5 年もかかった。やっと 1926 年、すなわち 6 年目になって、夜よりも昼を好み、動物よりも人間に親しくするようになって、つきそいの人も、動物より人間に近くなったと報告している。ほかの子どもたちと寝室で過ごしたり、いっしょにさわいだりするようになったのである[1]。

　このように動物に育てられた人間の子どもは、発見された時は四つ足で歩

き、きわめて動物に近い性質を示していた。彼らは不幸にも人間の形をした動物だったのである。それ故、人間性は社会——より厳密には人間の集団により形成されることが理解できるであろう。同様なことはカスパー・ハウザー（Kaspar-Hauser）のような孤立児にもいえる。彼は生まれてまもなく、彼自身「オリ」と呼んでいる穴の中に閉じこめられ17年間をそこで生活したのである。1828年ニュールンベルグに出現したハウザーは、特異な行動様式——言葉もしゃべれず、歩行も困難であり、不適応の状態を示していた。ただし、その後社会復帰してからは適切な指導によりめざましい進歩を遂げ、ラテン語を学んだり、回顧録まで執筆するようになったのである[2]。

　以上のような事例は人間にとって集団や社会や文化とはいかなる役割を果たすものであるかを明らかにしてくれる。人間が人間としてあるためにも社会——集団が不可欠であることを意味し、文字どおり、人と人の間でしか人間になることはできないのである。換言するならば、人間は集団なくして人間として生きていくことは不可能なのである。

　集団の中でも、子どもに大きな影響を及ぼすものは家族である。エリクソン（Erikson, E, H）は自我の第一の課題は、基本的信頼の感覚を獲得することであり、それは母親の養育の仕方が子どもたちに信頼の感覚を創り出すのであると言っている。

　マスロー（Maslow, A, H）の欲求階層説における欠乏欲求の生理的欲求、安全欲求、所属と愛情欲求は、その多くが家族によって与えられるものであろう。

　また、ボウルビィ（Bowlby, J, M）は乳幼児と母親との親密で継続的な人間関係こそが心身の健康の基盤であり、このような関係を欠如した状態をマターナル・デプリベーション（母性的養護の剥奪）と呼んだのである。以上のように、子ども——特に乳幼児は家族なくして生きることは困難であり、家族に大きく依存しているといえよう。

森岡清美は「家族を、夫婦・親子・兄弟など少数の近親者を主要な構成員とし、成員相互の深い感情的包絡で結ばれた、第一次的な福祉追求の集団」と規定している。それ故、一般的に家族こそ児童にとって安住の場として考えられてきたのである[3]。

　1909年アメリカのルーズヴェルト大統領によって招集された第一回ホワイトハウス会議では、「家庭生活は文明の所産のうち最も高い、最も美しいものである。それは精神と性格を形づくる偉大な力である。児童は緊急やむを得ない理由がない限り、家庭生活から引き離してはならない」と強調した。

　そもそも児童福祉は戦災孤児対策にはじまり、保護者の死亡や離婚、入院などによる養育者不在といった家族構造の欠損が主な課題であった。しかし、今日では、家族構造そのものより、むしろ家族の持つ子どもの養育機能がさまざまに損なわれ、子どもを傷つけ、苦しめていることへの対応が課題となっている。言い換えれば、児童問題の中心が家族の構造的問題――見える問題から、家族の機能的問題―― 一歩踏み込まないと見ることができにくい問題へとシフトしてきていることを意味している[4]。

　福田義也は現代社会における子どもの不幸について次のように述べている。現在のわれわれの社会における子どもの不幸には窮乏化に由来するものと富裕化に由来するものとがある。前者は少数の子どもの不幸であり、後者は多数の子どもの不幸である。そして現象としてみれば、窮乏化と富裕化は対立する。それによって、ある時期まで窮乏化が富裕化にとって変わられるならば、子どもの不幸は根絶されないまでも、大幅に軽減されるかと思われていた。しかし、事実はそうでなかった。子どもの不幸は多様化し、拡がって、われわれの前に存在している。人々は貧しさによって長いこと苦しんできたが、豊かさによっても苦しむのだ。貧しさと同じように、豊かさにも、かれらの人格と家族を損なうのである。われわれは20世紀の終わりちかくになって、それをはじめて大衆的規模で識った[5]。

畠中宗一によれば、富裕化社会は「規範の希薄化」と「私事化の肥大化」を特徴とし、子どもと家族の状況は年々悪化していると言っている。あまりにもみぢかな存在である家族は、時として福祉追求の集団ではなく、子どもに被害を及ぼす病理集団ともなり得るのである。図1—1にみられるように児童への虐待は年々増加し、児童相談所に寄せられた相談件数は2013年度には7万件を突破している。もはや児童虐待は特別な子どもにのみ起こる問題ではなく、ごく普通の家庭の普通の子どもに起こる問題となったのである。それだけ子どもの福祉を実現するためにも、家族福祉や家族支援が重要となってきているのが現代社会なのであろう。

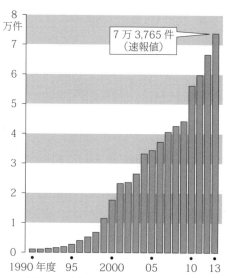

図1—1　全国の児童相談所に寄せられた虐待の相談件数

2. 家族の児童養育力の低下

　1960年代になると我国は技術革新によって、高度経済成長期をむかえるこ

第1章　現代社会と家族支援　　*13*

ととなる。第1次産業から第2次・第3次産業へと産業構造が急速に転換していき、自営業従事者や家族従事者から雇用労働者へと就業形態も変わっていく。それにともない都市への人口の集中が起こるのである。

　高度経済成長によって所得水準が向上した結果、夫一人の収入で暮らすことが可能となり、専業主婦が増大した。合計特殊出生率が約2と安定していた1950年代半ばから70年代半ばにかけての時期を落合恵美子は「家族の戦後体制」とよび、家族が最も安定した時期ととらえている。その特徴は

　①女性の主婦化

　②再生産平等主義（子どもは2人）

　③人口学的移行期（多産多死から少産少死へ）

　④女性のM字型就業パターン

が定着した時期でもある。

　このような就業構造の変化や所得水準の向上は消費生活を変え、人々の価値観や行動様式に影響を与え、結婚や家族のあり方も変えていくのである。

　①見合い結婚から恋愛結婚へ

　②親子同居世帯から別居世帯へ

　③父権的な家族関係からより平等な家族関係へ

というように日本国憲法（1946年）改正民法（1947年）に規定された夫婦家族制の理念がしだいに人々に受け入れられていくプロセスでもあった。

　欧米社会では100〜200年かかってゆっくりと家族が変化してきたのに対し、我が国ではわずか50年足らずで大家族から核家族へ、さらに家族が分裂し家族の個人化が起こり、そして高齢単身世帯家族といった世界にもモデルなき家族が増加してきているのである。

　現代家族の結びつきの弱さを象徴する言葉として、「ホテル家族」「孤食家族」「イベント家族」といった表現が用いられている。森岡清美は家族は今や制度によって固く拘束された団体ではなく、愛情と生活共同とによって緩く束

ねられた集団、もしくは親族関係の複合とも言うべきものであると述べている。それだけ、現代家族は不安定な状況にあり、子どもの養育や老親の介護と言った困難な問題を抱えているのである。

さらに、就業構造の変化と社会保障制度の確立にともなって、労働力や老後保障としての子どもの価値が低下する反面、教育期間の伸長によって、子どもを育てるための費用が増大する。さらに、女性の高学歴化と雇用機会の拡大は、女性の時間コストを高めることになる。すなわち、我国では結婚によって女性が失うもの（雇用機会や独身生活の自由）に比べて、結婚・出産によって得られるものが相対的に小さいために、女性は結婚へのためらいを感じることが多くなっているのであろう[6]。

そのために未婚化・晩婚化・少子化といった現象が起こってきているのである。合計特殊出生率が丙午の年である1966年の1.58を下回ったのが1989年の「1.57ショック」である。それ以降も合計特殊出生率は低下を続け1.41（2012年）に至っている。（図1－2参照）当然のことながら世帯人員も減少

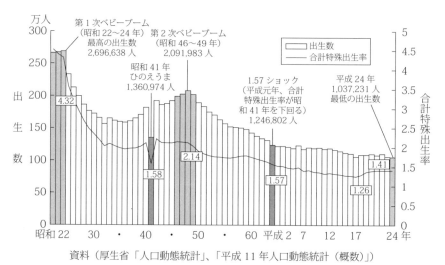

図1－2　出生数及び合計特殊出生率の推移

し、小家族化している。以上を総括すると、社会・経済状況、家族の形態、地域コミュニティの変化によって家庭の質・機能も変わり「養育能力の低下」が生じてきているのである。換言するならば、子どもが育ちにくくなっている現実があり、このような子育ての現状を変革する社会的施策が求められているといえよう。わかりやすく図にすると図1―3のようになる。

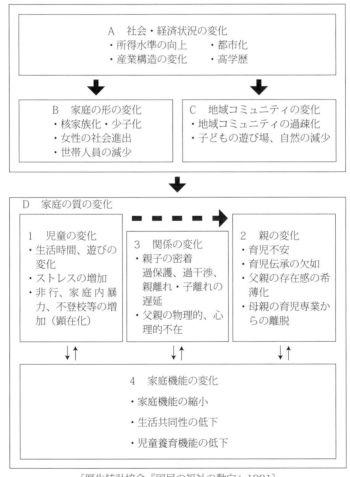

〔厚生統計協会『国民の福祉の動向』1991〕
図1―3 児童・家庭に関する諸状況の整理

3. 児童福祉から児童・家族福祉へ、そして家族支援へ

　家族の養育機能を代替しあるいは補完するという児童福祉の発想は、当該世代の多くが出産と子育てを志向するものという前提に立っていた。しかし、出産・子育てという従来疑うべくもないと思われてきた家族の営みに消極的な世代が登場してきている以上、その要因を総合的に解明することなしには、施策の方向も見えなくなっているのである。それは子どもに向けて展開すべき福祉サービスのあり方の検討にとどまらず、子育て世代の住環境や就労条件といった家族の養育機能のすべてにかかわるような問題を総点検する作業を含むことになる。そこにこそ、従来の児童福祉が児童・家族福祉という新しいカテゴリーに再編成されなければならない理由がある[7]。

　柏女霊峰は基本方向として次の6点を提示している。

①保護的福祉から支援的福祉、児童福祉から子ども・子育ての福祉へ（児童養育に関する家庭と社会の共同責任）

②血縁・地縁型子育てネットワークから社会的子育てネットワークへ（男女共同型子育て、社会的子育ての推進）

③与えられる（与える）福祉から選ぶ（選ばれる）福祉へ（多様な価値観、ライフスタイルを前提とした支援策の展開）

④点の施策から面の施策へ（地域を基盤とした施策の総合的・計画的進展）

⑤大人の判断から子どもの意見へ（児童の最善の利益の明確化）

⑥親族の情誼から子権のための介入へ（親権や私権に公権が介入することによって生ずる問題よりも、子権を守ることのほうが重要との理念の定着）[8]

　いずれにしても、児童（福祉）問題は子どもの問題であると同時に、家族の問題であり、また社会そのものの問題であることを忘れてはならない。そして、子どもの育ちにかかわる喜びの体験の獲得や、親に内在する育てる能力の

第1章　現代社会と家族支援　　*17*

育成こそが急がれるところである。

　保育や養護では、子どもの最善の利益を目指して、生命と発達を保証し、児童問題が解決されるように働きかけることであり、同時に、子どもの家族が抱えている生活問題をも支援する必要がある。畠中宗一は、家族支援は家族成員個々の健康ばかりでなく、家族システム全体の健康を目指して行われる活動であると定義している[10]。それ故、現代社会において家族支援は不可欠となってきているのである。

【引用・参考文献】

（1）　宮城音弥「心理学入門」岩波書店、1965、158頁

（2）　A.v.Feuerbach、Kaspar Hauser、中野善達・生和秀敏訳「カスパー・ハウザー」、福村出版、1977

（3）　森岡清美・望月嵩「新しい家族社会学」培風館、1990、3頁

（4）　平湯真人編「家庭の崩壊と子どもたち」明石書店、1997、43・45頁

（5）　副田義也「子どもの不幸、人権、福祉」ソーシャルワーカ第3号、日本ソーシャルワーカー協会、1993、77〜78頁

（6）　日本家政学会編「変動する家族―子ども・ジェンダー・高齢者」建白社、1999、8〜10頁

（7）　庄司洋子、他編「家族・児童福祉」有斐閣、1998、30〜31頁

（8）　浜野一郎・網野武博編「子どもと家族」中央法規出版、1995、247頁

（9）　畠中宗一「子ども家族支援の社会学」世界思想社、2000

（10）　畠中宗一、同前書、30頁

（11）　柏女霊峰・山縣文治編「新しい子ども家族福祉」ミネルヴァ書房、1998

（12）　瓜巣一美・米山岳廣編「児童・家族福祉の基礎と実際」文化書房博文社、2002

第2章　保育士養成における 「家族援助論」の課題

1. 研究の目的と科目の概要

(1) 研究の目的

　子どもを取り巻く社会環境の変化は激しく、核家族化、さらには家族の多様化や女性の社会進出、少子化や都市化、厳しい受験戦争、子どもの遊び場や自然の減少、地域コミュニティの弱化などが、子どもの成長に大きな影響を与えていると言われている。そしてその結果は「家庭・地域における児童養育機能の縮小化」へと集約される。（第1章図1－3参照）

　子育てにおける家族を取り巻く問題は、これまで、保護者の死亡や入院などによる養育者不在といった家族構造の欠損などによるものが主な課題であった。しかし、今日では家族の構造そのものより、むしろ家族の持つ子どもの養育機能がさまざまに損なわれ、子どもを傷つけ苦しめていることへの対応が、その多くを占めるようになっている。

　子育て家庭と緊密な関係にある、身近な社会福祉資源である保育所やその他の児童福祉施設における保育士の役割が拡大してきている。

　このような子育てをめぐる社会の多様なニーズに対応するために、「家族援助論」は2002年から保育士養成のカリキュラムに加えられた科目である。家族援助論を担当する教員は、「社会の変化と共にある家族の姿を的確に捉えて、保育士として家族の何をどのように援助するのか」を研究することが要求され

第 2 章　保育士養成における「家族援助論」の課題　　*19*

ていると言えよう。加えて、家族援助を実践できる保育士の養成をどうするのかなども緊急の課題として考えられる。

　今回の研究は、指定保育士養成施設における「家族援助論」の授業内容や授業方法の現状を分析することによって、「家族援助論」の教授上の課題を明らかにすることを目的としている。

(2) 保育士養成カリキュラムと家族援助論の概要

　保育士養成カリキュラムも、時代に対応し変遷している。昭和 37 年、45 年、平成 3 年の改正などを経て平成 13 年に新しいカリキュラムが提示された。(表 2 ― 1)

　カリキュラムの変遷は、「保育とは何か」を明確化する歴史でもあり、保育士を児童福祉の専門家として位置づけ、各科目を有機的に連結することにより、応用力のある保育士の養成を目指しているものである。そして、それを実現するために、保育実習をより一層充実強化する方向が示されてきているのである。平成 3 年に告示されたカリキュラムは、教科目を①保育の本質・目的の理解、②保育の対象の理解、③保育の内容・方法の理解、④基礎技能、⑤保育実習といった 5 系列に構造化して考えているのが特徴であり、平成 14 年の改正には基本的枠組はかえずに、基礎技能を減少するかわりに家族援助論や障害児保育・養護内容といった科目を必修に加えているのである。

　厚生労働省雇用均等・児童家庭局長からの「指定保育士養成施設の指定及び運営の基準について」の通知（雇児発第 1209001 号平成 15 年 12 月 9 日）によると「家族援助論」は、講義 2 単位であり、その授業目的は次のようになっている。

①保育所の持つ「子育て支援」を重要な社会的役割として理解し、児童・親を含めた家族が保育の対象であることを理解させる。

表 2 ― 1 改正保育士養成教育課程

系列		教 科 目	単位数	
			設置	履修
教養科目		外国語（演習） 体育（講義） 体育（実技） その他	2以上 1 1 6以上	 1 1
	小　　計		10以上	8以上
必修科目	保育の本質・目的の理解に関する科目	社会福祉（講義） 社会福祉援助技術（演習） 児童福祉（講義） 保育原理（講義） 養護原理（講義） 教育原理（講義）	2 2 2 4 2 2	2 2 2 4 2 2
	保育の対象の理解に関する科目	発達心理学（講義） 教育心理学（講義） 小児保健（講義・実習） 小児栄養（演習） 精神保健（講義） 家族援助論（講義）	2 2 5 2 2 2	2 2 5 2 2 2
	保育の内容・方法の理解に関する科目	保育内容（演習） 乳児保育（演習） 障害児保育（演習） 養護内容（演習）	6 2 1 1	6 2 1 1
	基礎技能	基礎技能（演習）	4	4
	保育実習	保育実習（実習）	5	5
	総合演習	総合演習（演習）	2	2
	小　　計		50	50
選択必修科目	保育の本質・目的の理解に関する科目		17	8以上
	保育の対象の理解に関する科目			
	保育の内容・方法の理解に関する科目			
	基礎技能			
	保育実習	保育実習Ⅱ（実習）　2 保育実習Ⅲ（実習）　2	2以上	2以上
	小　　計		19以上	10以上
合　　計			79以上	68以上

（平成 14 年 4 月 1 日より実施）

第2章　保育士養成における「家族援助論」の課題　　*21*

②「子育て支援」は保育所だけでなく、その他の児童福祉施設の親についても同様に必要とされることを理解させる。

③現代の家族を取り巻く環境における家庭生活、特にその人間関係（夫婦・親子・きょうだい）のあり方を理解すること及びそれをふまえて適切な「相談・助言」を行なうことは「子育て支援」のために欠かせないものであることを理解させる。

④1〜3を踏まえ、それぞれの家族のニーズに応じた多様な支援対策を提供するため、児童福祉の基礎となる家族の福祉を図るための種々の救助活動及び関係機関との連携について理解させる。

また、授業内容には次のような項目が掲げられている。

①家族とは

　1）家族の意味（定義）

　2）家族の機能

②家族をとりまく社会的状況と支援体制

　1）都市化

　2）核家族化・少子化

　3）男女共同参画社会の発展

　4）家族の福祉を図るための社会資源

③今日における家族生活（家族関係）

　1）夫婦関係（子どもからみた両親のあり方）

　2）親子関係

　3）きょうだい関係

④「子育て支援」としての家族対応

　1）「子育て」からみた家族の課題

2）子育て支援の意義

3）子育て支援サービスの範囲

4）「相談」「助言」という「子育て支援」

5）虐待などへの対応

6）子育て支援サービスの課題

7）子育て支援サービスの具体的展開

8）子育て支援における関係機関との連携

2．方法と対象

　調査方法は、郵送調査法を用い 2005 年 2 月に実施した。調査方法は、全国保育士養成協議会の会員校 370 校の家族援助論担当者である。回収票は 111 であり、そのうち不能票は 4、よって有効回答率は 28.9％である。

3．結果と考察

（1）調査対象の属性

　内容の分析にさきだち、調査対象の属性についてふれておきたい。本研究の調査対象は指定保育士養成施設において「家族援助論」を担当している教員であるが、教えている学校種別をみたのが表 2 ─ 2 である。短期大学が 2/3 と圧倒的に多く、大学・専門学校は各々 2 割弱であり、2 年制の養成校が 8 割を占めている。

　学科名をみると、いわゆる伝統的な幼児教育科（36％）保育学科（28％）が数多く、新しく設置された学科は人間発達学科・教育福祉学科・発達臨床学科・人間形成学科等のさまざまな名称を用いており、そのためにその他が多くなっている。（表 2 ─ 3 参照）

第 2 章　保育士養成における「家族援助論」の課題　　23

表 2 ― 2　学校種別

専門学校	14.7%
短期大学	66.1
大学	17.4
その他	0.9
NA	0.9
合計	100.0%

表 2 ― 3　学科名

幼児教育科	35.9%
保育学科	28.4
社会福祉学科	6.4
児童学科	3.7
子ども学科	0.9
その他	24.7
合計	100.0%

　それでは担当教員の属性についてみていきたい。表 2 ― 4 からもわかるように、60 代が 3 割と多いくらいで 30 〜 50 代はほぼ 2 割と均等に分布している。性別にみると男性 4 割、女性 6 割であり女性教員の方が多くなっているのが特徴と言えよう。

表 2 ― 4　担当教員の年齢

20 代	0.9%
30 代	23.9
40 代	21.1
50 代	21.1
60 代	33.0
合計	100.0%

　教員の専門についてみたのが表 2 ― 5 であるが、心理学専攻 28%、次いで保育学が 22% であった。担当に女性教員が多かったこともこのような専門との関係があると言えよう。社会福祉を専門とする者も 2 割を占めている。専任か非常勤かをみたのが表 2 ― 6 である。2/3 が専任であり、特に講師が担

表2―5　専門領域

心理学	27.4%
社会福祉学	19.5
教育学	8.8
保育学	22.1
家政学	8.8
社会学	6.2
その他	7.2
合計	100.0%

表2―6　職位

専任講師	27.5%
専任助教授	20.2
専任教授	19.3
非常勤講師	30.3
その他	2.7
合計	100.0%

当している場合が多くなっている。非常勤講師も3割と多く、新しい科目の担当は既存科目を数多く教えている専任は担当することが困難と考えられる。さらにこの「家族援助論」といった科目の特性であろう臨床経験―現場経験を有する教員が7割を占めていることも特徴といえよう。

(2)「家族援助論」授業の概要

　ここでは調査結果より授業概要についてみていきたい。ほとんどの養成校（指定保育士養成施設）が、厚生労働省の、規定通りの半期15回の授業であり、通年30回の養成校はわずか1校であった。（表2―7参照）。開講時期は2年制の養成校が多いこともあって、2年後期に設置される場合が多い傾向にある（47.5%　表2―8参照）。さらに、講義科目であることから、演習・実習科目よりもクラス人数が多く50～99人までといった回答がほぼ過半数を占めている（表2―9参照）。

第 2 章　保育士養成における「家族援助論」の課題　　25

表 2 ― 7　授業回数

15 回	97.3%
30 回	0.9
その他	1.8
合計	100.0%

表 2 ― 8　開講時期

1 年　前期	6.9%
1 年　後期	14.9
2 年　前期	15.8
2 年　後期	47.5
3 年　前期	3.0
3 年　後期	9.9
4 年　前期	1.0
4 年　後期	1.0
合計	100.0%

表 2 ― 9　授業クラス人数

49 人以下	18.3%
50〜99 人	49.6
100〜149 人	24.8
150 人以上	5.5
無回答	1.8
合計	100.0%

　単位認定ではテストを中心におきながらもレポートを併用するケースも多く、60 点を合格点とする養成校が圧倒的に多くみられた。また出席確認をしていることも多く、1 割から 3 割の範囲で、評価に出席点を考慮していることが明らかになった（表 2 ― 10 参照）。

(3) 授業目的―養成校での目的

　養成の現場における「家族援助論」の目的として上げられているものをみていきたい。表 2 ― 11 からもわかるように、全体的にみれば「家族機能の理

表 2 ― 10　単位認定の方法

テスト	42.1%
レポート	27.1
テストとレポート	27.1
その他	0.9
無回答	2.8
合計	100.0%

表 2 ― 11　授業目的

(%)

家族の現状の理解	31.8
保育現場の現状の理解（家族援助の必要性）	11.2
家族機能の理解	41.1
子育て支援の理解	41.1
保育観の拡大	4.7
保育能力の拡大	15.0
その他	5.6
無回答	15.0

解」をさせるとともに「子育て支援の重要性を理解」させることにあると言えよう。学校種別にみたのが表 2 ― 12 である。「家族機能の理解」は大学に多く、「保育能力の拡大」は専門学校に多くなっている。すぐに役立つ保育士の養成ということなのであろう。さらに担当教員の専門分野とクロスしてみると、「家族の現状の理解」を強調している専門分野は心理学・教育学・家政学であり、「保育現場の現状理解（家族援助の必要性）」は社会福祉学・教育学に多く、「保育観の拡大」は社会学、「保育能力の拡大」は心理学・社会学を専門とする教員に強調されていた。この傾向をより端的に示すのが臨床（現場）経験の有無である。教員自らに臨床経験のあるものは「保育能力の拡大」に力を

表 2 ― 12　学校種別と授業目的

(%)

	家族の現状の理解	保育現場の現状の理解	家族機能の理解	子育て支援の理解	保育観の拡大	保育能力の拡大	その他
専門学校	37.5	6.3	25.0	37.5	―	25.0	12.5
短期大学	29.2	13.9	44.0	43.1	4.2	13.9	5.6
大学	36.8	5.3	42.1	36.8	10.5	10.5	―

第2章　保育士養成における「家族援助論」の課題　　27

表2−13　専門分野と授業目的
(%)

	家族の現状の理解	保育現場の現状の理解	家族機能の理解	子育て支援の理解	保育観の拡大	保育能力の拡大	その他
心理学	36.7	13.3	40.0	20.0	6.7	20.0	—
社会福祉学	22.7	22.7	59.1	40.9	9.1	9.1	4.5
教育学	37.5	25.0	25.0	37.5	—	12.5	12.5
保育学	33.3	4.2	37.5	58.3	—	16.7	8.0
家政学	44.4	—	44.4	55.6	—	11.1	—
社会学	16.7	16.7	33.3	33.3	16.7	33.3	16.7

表2−14　臨床経験と授業目的
(%)

	家族の現状の理解	保育現場の現状の理解	家族機能の理解	子育て支援の理解	保育観の拡大	保育能力の拡大	その他
臨床経験　有	31.6	13.2	40.8	36.8	2.6	18.4	2.6
臨床経験　無	32.3	6.5	41.9	51.6	9.7	6.5	12.9

そそいでいることがわかる（表2−14参照）。

(4) 重点講義項目

　ここでは、「家族援助論」の講義内容において担当教員は何に力を入れて講義しているのかをみていく。

　重点講義項目をみたのが表2−15であるが、第1順位から第3順位まで記入してもらった結果である。全体的にみると「子育て支援」「家族援助の実際」「現代社会と家族・地域社会」といった講義内容に力点がおかれていることが

表2−15　重点講義項目
(%)

	1位	2位	3位	合計
家族とは	11.0	2.8	2.8	16.6
家族の機能と家族問題	15.6	9.2	5.5	30.3
現代社会の家族と地域社会	15.6	16.5	10.1	42.2
家族援助の実際(必要性・方法)	13.8	15.6	22.9	52.3
子育て支援	22.9	21.9	14.7	59.5
虐待	3.7	9.2	4.6	17.5
保育現場での援助	1.8	1.8	6.4	10.0
その他	9.2	14.7	20.2	44.1
無回答	6.4	8.3	12.8	27.5

わかる。これは厚生労働省が提示した通知に合致したものであると言える。

さらに、学校種別ごとにみたのが、表2—16である。専門学校では「家族援助の実際」や「保育現場での援助」といった実践的なものが高く、短期大学や大学は「現代社会における家族や地域社会」を理解することや、「子育て支援」といった制度的なものが高くなっている。

表2—16 学校種別と重点講義項目

(%)

		家族とは	家族の機能と家族問題	現代社会の家族と地域社会	家族援助の実際	子育て支援	虐待	保育現場での援助	その他	無回答
専門学校	1位	18.8	25.0	12.5	18.8	6.3	—	—	12.5	6.3
	2位	—	6.3	12.5	25.0	18.8	—	—	25.5	12.5
	3位	—	—	9.1	25.0	18.8	—	12.5	18.8	18.8
	合計	18.8	31.3	34.1	68.8	43.9	—	12.5	56.3	37.6
短期大学	1位	9.7	13.9	16.7	15.3	20.8	5.6	2.8	9.7	5.6
	2位	2.8	6.9	18.1	16.7	26.4	9.7	1.4	11.1	6.9
	3位	2.8	6.9	9.7	20.8	13.9	6.9	6.9	20.8	11.1
	合計	15.3	27.7	44.5	52.8	61.1	22.2	11.1	41.6	23.6
大学	1位	5.3	10.5	15.8	5.3	42.1	—	—	5.3	15.8
	2位	5.3	15.8	15.8	5.3	5.3	15.8	—	21.1	15.8
	3位	5.5	5.3	15.8	21.1	15.8	—	—	15.8	21.1
	合計	15.9	31.6	47.4	31.7	63.2	15.8	—	42.2	

また、重点講義項目は担当する教員により、その項目が異なるようである。社会福祉学や教育学を専門とする教員は「家族援助の実際」が多く、保育学や家政学を専門とする教員は「子育て支援」を、社会学を専攻する教員は「現代社会の家族と地域社会」が多くなっている。心理学専攻の教員はほぼ均等に分布している（表2—17参照）。教員が、自分の専門とする領域に、その内容をひきつけながら講義を組み立てていることがうかがわれる。それは、教員の臨床経験の有無でみるとより一層はっきりする。臨床経験の有る教員は「子育て支援」や「家族援助の実際」「虐待」や「保育現場での援助」といった実践的な項目をあげている場合が多いのである（表2—18参照）。

(5) 教授困難さと工夫

また、担当教員は教えるうえで何に困難を感じているのかを調査したのが、表2—19である。学生自身に起因するものと、親切教科ゆえに難しいと感じ

表 2 ― 17　専門分野と重点講義項目

(%)

		家族とは	家族の機能と家族問題	現代社会の家族と地域社会	家族援助の実際	子育て支援	虐待	保育現場での援助	その他	無回答
心理学	1位	6.7	20.0	16.7	6.7	20.0	3.3	3.3	10.0	13.3
	2位	6.7	6.7	16.7	13.3	16.7	16.7	—	10.0	13.3
	3位	6.7	3.3	10.0	30.0	10.0	—	3.3	20.0	16.7
	合計	20.1	30.3	43.3	50.5	46.7	20.0	6.6	40.0	43.3
社会福祉	1位	13.6	9.1	18.2	18.2	22.7	9.1	4.5	4.5	—
	2位	—	4.5	13.6	31.8	18.2	13.6	—	13.6	4.5
	3位	—	4.5	13.6	27.3	18.2	—	9.1	18.2	9.1
	合計	13.6	18.1	45.4	77.3	59.1	22.7	13.6	36.3	13.6
教育学	1位	12.5	—	25.0	12.5	37.5	—	—	12.5	—
	2位	—	25.0	—	25.0	—	12.5	25.0	—	12.5
	3位	12.5	12.5	—	25.0	—	—	12.5	12.5	25.0
	合計	25.0	37.5	25.0	62.5	37.5	12.5	37.5	25.0	37.5
保育学	1位	8.3	25.0	8.3	20.8	20.8	4.2	—	4.2	3.3
	2位	4.2	4.2	8.3	12.5	37.5	—	—	25.0	8.3
	3位	—	—	12.5	12.5	12.5	12.5	12.5	20.8	16.7
	合計	12.5	29.2	29.1	45.8	70.8	16.7	12.5	50.0	13.3
家政学	1位	22.2	11.1	22.2	11.1	22.2	—	—	—	11.1
	2位	—	22.2	33.3	11.1	22.2	—	—	—	11.1
	3位	—	11.1	—	—	44.4	11.1	—	22.2	11.1
	合計	22.2	44.4	55.5	22.2	88.8	11.1	—	22.2	33.3
社会学	1位	16.7	33.3	16.7	—	16.7	—	—	16.7	—
	2位	—	—	50.0	—	16.7	16.7	—	16.7	—
	3位	—	—	16.7	33.3	16.7	—	—	33.3	—
	合計	16.7	33.3	83.4	33.3	50.1	16.7	—	66.7	—

表 2 ― 18　臨床経験と重点講義項目

(%)

		家族とは	家族の機能と家族問題	現代社会の家族と地域社会	家族援助の実際	子育て支援	虐待	保育現場での援助	その他	無回答
臨床経験有	1位	10.5	14.5	14.5	17.1	25.0	5.3	2.6	3.9	6.6
	2位	1.3	7.9	14.5	19.7	21.1	13.2	1.3	13.2	7.9
	3位	2.6	3.9	13.2	21.1	14.5	3.9	9.2	18.4	13.2
	合計	14.4	26.3	42.2	57.9	60.6	22.4	13.1	35.5	27.7
臨床経験無	1位	9.7	16.1	19.4	6.5	16.1	—	—	22.6	9.7
	2位	6.5	9.7	22.6	6.5	22.6	—	—	19.4	12.9
	3位	3.2	9.7	3.2	22.6	16.1	6.5	—	22.6	16.1
	合計	19.4	35.5	45.2	35.6	54.8	6.5	—	64.6	38.7

表 2 ― 19　教授上の困難さ

(%)

学生が実感を持って受け止められない	23.2
学生に固定された家族イメージがある	2.0
家族問題を抱えている学生がいる	2.0
学生が育てる人の立場を理解しにくい	3.0
家族援助論の専門性が明確でない	10.1
家族援助論で理論と臨床まで担当することができにくい	4.0
講義の時間が少ない、提示する事例が乏しい、教科書がない	7.1
その他	30.4
無回答	18.2
合計	100.0

ることに大別することができる。

　前者は「家族」の捉えがたさであり、青年期にある多くの学生は実感を持っ
て家族を捉えないと言ったものである。後者は「家族援助論」の体系化や専門
性という学問の本質にかかわる部分と「時間がない」「事例がない」「教科書が
ない」といった教授法に関するものである。教科書や補助教材を使用している
教員は、各々8割、6割と多いにもかかわらず、新設科目のため適当なものが
ないといった感想を持つものもいるということであろう。

　このような困難な状況にもかかわらず、担当教員は授業にさまざまな工夫を
凝らしている。約1／4の教員が事例をとり入れたり、調査やレポートを作成
したり、またロールプレイやグループ討論などを通じて、学生が家族といった
対象にリアリティをもってせまるような試みを実施しているのである（表2
― 20 参照）。

表2― 20　教授法の工夫

(%)

ビデオ・スライド・パワーポイント	7.6	施設現場や特別講義の活用	4.3
事例	26.2	その他	23.9
調査・レポート作成・発表	6.5	無回答	25.0
ロールプレイ・グループ講義	6.5		
合計			100.0

　さらに「家族援助論」は講義科目ではあるが、演習的要素を持たせることに
より、真の援助論なりうるとの教員の認識があるのであろう。そして、その傾
向は臨床経験認識が有る教員により顕著にみてとることが可能である（表2
― 21 参照）。

表2― 21　臨床経験と教授法の工夫

	ビデオ・スライド・パワーポイント	事例	調査・レポート作成・発表	ロールプレイ・グループ講義	施設現場や特別講義の活用	その他	無回答	合計
臨床経験　有	7.9	30.2	6.3	7.9	3.1	17.5	27.1	100.0
臨床経験　無	7.1	17.9	7.1	3.6	7.1	35.8	21.4	100.0

第2章　保育士養成における「家族援助論」の課題

表2—22　家族援助論のシラバス

A校（専門学校）保育学科

（教員の属性）50代・男性・専任教授・社会福祉学
担当科目：社会福祉・児童福祉・生涯老人福祉

（目標）
1　児童福祉で習得した基礎的知識や理解の上に立って、保育所の持つ「子育て支援」の社会的役割の重要性と親を含めた家族が保育の対象であることを理解する。
2　保育所を除く児童福祉施設利用児童の親及び家族に対しても同様に、必要とされることを学ぶ。
3　現在の家族をとりまく子育て環境の現状と課題について認識を深め、ニーズに応じた家族援助体制のあり方と家族援助活動の方法について学ぶ。

（内容）	
1　家族と家族援助 　（1）家族とは何か 　（2）家族援助とはなにか 2　家族を取り巻く社会状況と家族関係 　（1）少子高齢化社会と結婚・出産・子育て 　（2）家族を取り巻く社会状況 　（3）子育て家庭の諸問題 3　家族援助論 　（1）子育て支援体制 　（2）児童家庭福祉ニーズと家庭への援助体制 　（3）男女共同参画社会と家族援助体制 　（4）保育所と家族援助体制	4　家族援助の方法 　（1）家族援助技術の体系 　（2）家族援助の家庭と方法 　（3）虐待への対応 　（4）障害のある子どもとその家庭への援助 5　家族援助の実際 　（1）家族援助と関係機関との連携 （テキスト）「家族援助論」全社協

B校（短期大学）児童福祉学科

（教員の属性）40代・女性・専任講師・心理学
担当科目：保育内容人間関係・保育実習事前事後指導・臨床心理学・教育課程概説

（目標）
この講義では現在の家族・子育てをとりまく諸問題と保育所に求められている「子育て支援」のあり方について考えていく。さまざまな事例を検討しながら子どもだけでなく親・家族に対する理解と支援の重要性を認識し、現場に立った時に個々の家族のニーズに応じた柔軟な支援を提供できるような援助者としての資質を育てることを目標とする

（内容）	
1　オリエンテーション 2　いまなぜ「子育て支援」が必要なのか 3　親とつくるよりよい関係 　（1）親とともに子どもを育てる 　（2）保護者ができることは何か 4　相談・助言のあり方を考える 　（1）個別の援助—どこまで何を 　（2）親同士の関係をつなぐ援助	5　子育て家庭の実態と適応 　（1）親子関係の全体的傾向 　（2）子ども虐待 　（3）ドメスティック・バイオレンス 　（4）機能不全家族とは 6　家族・子育てにまつわる神話の検証 7　地域での連携と社会資源・ネットワーク （テキスト）「見過ごさないで子どもたちのSOS」学研

C校（大学）教育学部

（教員の属性）30代・男性・専任講師・社会福祉学
担当科目：社会福祉概論・社会福祉援助技術・養護原理・養護内容・障害児保育

（概要）　家族には子育てや、家計を支える労働などさまざまな機能がある。現代社会では都市化と核家族化が進行し、そうした社会の変化により共働き世帯が増加し、子育てで両親などの保護者が子どもと十分に接する時間が取れないという問題や、また失業や疾病により家計の維持が困難な状況に陥るなど、家族の機能そのものが機能しなくなる状況も出現してきている。授業では講義以外に、ケーススタディやロールプレイを取り入れ家族の機能を理解するとともに、家族が直面する特徴的な問題と援助の方法について家族ソーシャルワーク理論を中心に理解を深める。

（計画）	
1　家族ソーシャルワークの価値 事例を通してソーシャルワークの価値を考える 2　家族ソーシャルワークの原理 　（1）個人及び家族の主体性尊重の原理 　（2）家族の履歴性尊重の原理 　（3）家族集団全体の生活尊重の原理 　（4）家族の関係性尊重の原理 　（5）家族生活周期尊重の原理 3　家族ソーシャルワークの対象 　（1）法的な家族 　（2）社会的な家族 　（3）心理的な家族	4　家族のダイナミクスをアセスメントしプランニングするためのモデル 　（1）家族ライフサイクル・モデル 　（2）家族ストレス・モデル 　（3）家族システム・モデル 5　エコマップとプランニング 6　家族面接をすすめるための技法 　（1）個人面接の技法 　（2）家族初回面接の技法 　（3）家族面接を展開するための技法 （テキスト）石倉哲也著「ワークブック社会福祉援助技術演習3家族ソーシャルワーク」ミネルヴァ書房　2004刊

（6）家族援助論シラバスの事例研究

　これまで家族援助論に関しての教授上の全体的な傾向について調査データに基づいて考察してきたが、ここでは調査対象の中から、学校種別ごとに各一校を無作為に選び家族援助論のシラバスについて事例研究を行いたい。

　事例としてとりあげたシラバスが表２−22である。Ａ校が専門学校保育科、Ｂ校が短期大学児童福祉学科、Ｃ校が大学教育学部のシラバスである。そして、その各シラバスを整理し、まとめたものが表２−23である。

表２−23　授業の進め方

回	位	（A校）専門学校	位	（B校）短期大学	位	（C校）大学
1		1.　家族と家族援助 （1）家族とは何か		1.　オリエンテーション		1.　家族ソーシャルワークの価値 　　事例を通して考える
2		（2）家族援助とは何か		2.　今、なぜ「子育て支援」が必要なのか		2.　家族ソーシャルワークの原理 （1）個人及び家族の主体性尊重の 　　原理
3	①	2.　家族をとり巻く状況と関係 （1）少子高齢化と結婚・出産・子 　　育て	①	3.　親とつくるよりよい関係 （1）親と共に子どもを育てる		（2）家族の履歴性尊重の原理
4		（2）家族をとりまく社会的状況		（2）保育者ができることは何か		（3）家族集団全体の生活尊重の原理
5	③	（3）子育て家庭の諸問題		4.　相談・助言のあり方を考える （1）個別の援助―どこまで何を		（4）家族の関係性尊重の原理
6		3.　家族援助論 （1）子育て支援体制		（2）親同士の関係をつなぐ援助		（5）家族生活周期尊重の原理
7		（2）児童家庭福祉ニーズと家庭へ 　　の援助体制		5.　子育て家庭の実態と対応 （1）親子関係の全体的傾向	①	3.　家族ソーシャルワークの対象 （1）法的な家族
8		（3）男女共同参画社会と家族援助 　　体制	②	（2）子ども虐待		（2）社会的な家族
9		（4）保育所と家族援助体制		（3）ドメスティック・バイオレンス		（3）心理的な家族
10	②	4.　家族援助の方法 （1）家族援助技術の体系		（4）機能不全家族とは	②	4.　家族アセスメントモデル （1）家族ライフサイクル・モデル
11		（2）家族援助の家庭と方法		6.　家庭・子育てにまつわる神話の検 　　証		（2）家族ストレス・モデル
12		（3）虐待への対応	③	7.　地域での連携と社会資源・ネット 　　ワーク		（3）家族システム・モデル
13		（4）障害のある子どもとその家族 　　への援助				5.　エコマップとプランニング
14		5.　家族援助の実際 （1）家族援助と関係機関との連携			③	6.　家族面接の技法 （1）個人面接の技法
15						（2）家族初回面接の技法
						（3）家族初回展開の技法

　これらの事例を厚生労働省の「家族援助論」の目標と内容に照らし合わせて、チェックしたものが、表２−24である。

第2章　保育士養成における「家族援助論」の課題　　*33*

表2—24　シラバスチェックシート

		A校	B校	C校
目標	①家族が保育の対象	○	○	○
	②保育所の子育て支援	○		
	③他の児童福祉士施設の子育て支援	○		
	④現在の家族・家庭生活	○	○	○
	⑤相談・助言（援助技術）	○	○	○
	⑥関係機関との連携	○	○	
内容	1 家族とは何か	○	○	○
	①家族の意味（定義）	レ		レ
	②家族の機能		レ	
	2 社会状況と家族支援体制	○		
	①都市化			
	②核家族化・少子化	レ		
	③男女共同参画社会の進展	レ		
	④家族福祉のための社会資源			
	3 今日の家族生活(関係)			
	①夫婦関係（親のあり方）			
	②親子関係		レ	
	③兄弟関係			
	4 子育て支援としての家族対応	○	○	
	①子育てから見た家族の課題	レ		
	②子育て支援の意義	レ	レ	
	③子育て支援サービスの範囲		レ	
	④相談・助言という子育て支援	レ	レ	レ
	⑤虐待などへの対応	レ	レ	
	⑥子育て支援サービスの課題			
	⑦子育て支援サービスの具体的展開	レ		
	⑧子育て支援における関係機関との連携	レ	レ	
	5 その他　家族・子育て神話		○	○
	家族ソーシャルワーク		レ	レ

　表2—23からわかるように、講義内容は大きな差異がある。A校の場合は、「今日の家族生活」（関係）の部分が欠落しているし、B校では家族をとりまく社会状況と支援体制への言及がないことがわかる。C校のソーシャルワーカーの家族援助と、保育士が実践する「家族援助」との違いについての検討が必要であろう。

これらの事例にみられるように新設科目ということもあり、多くの養成校が試行錯誤しながら自分の専門に近いところで講義を展開しているものと考えられる。厚生労働省のシラバスに最も忠実なのは、専門学校のA校であった。

4. 残された課題

時代のニーズによって新設された新設された「家族援助論」に対し、養成校の教員は手探りの状況で取り組んでいる実態が明らかになった。担当するようになった経緯も表2―25のとおりであり、講義科目にもかかわらず、学生にわかりやすくするために、演習的要素を加味している。このような現状からすると、当面の課題として「家族援助論」を講義と演習に分割する方法も一案であるとの示唆を得ることができた。

表2―25　担当経緯 (%)

新しい科目なので自ら進んで担当した	5.5
専門領域が近いので担当することになった	65.1
他に担当する教員がいないので担当することになった	11.0
その他	15.6
無回答	2.8
合計	100.0

また、保育士が「家族援助」をすることの独自性や、その上での「家族援助論」における授業内容や教授法について、より詳細な検討をする必要があろう。それらが担当教員にフィードバックされることにより、家族援助論の構築に寄与するものと考えている。

第3章　家族援助（支援）論における教材研究

1. 本研究の意義と方法

（1）本研究の意義

「保育所保育指針」の平成15（2008）年改訂において、「保護者への支援」が保育士の業務として明記され、保育所がその特性を生かした保護者支援、地域の子育て支援に積極的に取り組むことが求められることになった。保育士の業務は、児童福祉法第18条の4（当時）において、専門的知識と技術を持って児童への保育と保護者に対する「保育指導」を一体的に行うことが含まれている。

「保育所保育指針」の改訂によって、保育士はその専門性を生かして子育て支援の役割を担うことのできる専門職として、保育所に入所する子どもならびにその保護者に対する支援を行い、保護者の養育力の向上を図り、地域の資源の活用を行うより幅広い能力が必要であることが明確になった。

「保育所保育指針」改定の背景には、「少子化が進み、家庭や地域の子育て力の低下が指摘される中で、保育所における質の高い養護と教育の機能」[1] が強く求められるようになっていることがあげられる。つまり、保育所の役割・機能を再確認されている。そして、保育実践においても、保育内容の改善や保育課程編成に基づく保育の展開が重視されるなど、本改訂は、保育の歴史に特筆される抜本的な改定となっていると言っても過言ではない。

これに先立ち、「平成13年厚生労働省告示第198号」において保育士養成の教育課程も変更され、平成14（2007）年以降、指定保育士養成施設において「家族援助論」の授業科目が必修の講義科目に加えられた。

　このため、科目の新設当時、保育士の業務や保育所の役割の変更あるいは拡大、及びそれを受けた保育士養成課程の変更が養成施設に求められ、各養成施設は対応の必要に迫られて、新設「家族援助論」の授業を実施していることが予測された。

　そこで、本研究を通じて、養成施設でどのような教材や教科書が用いられ、どのような授業展開が行われているかを明らかにし、今後、どのような教材の開発が求められるかについて検討することによって、「家族援助論」の教授法の向上を通じて、保育士の質の向上に資することを目的としている。

　なお、本章は、2007（平成19）年9月、第46回全国保育士養成協議会研究大会において報告[2]した内容ならびに、「保育士養成における『家族援助論』の研究Ⅲ―家族援助論に関する教材研究―」[3]として小田原女子短期大学研究紀要に掲載された共同執筆論文をもとに加筆修正したものである。図表や資料等の作成者についてはその都度、注記させていただいた。

（2）研究方法

　本研究では、教材を「一定の教育目標を達成するために選ばれた具体的な素材である。」と定義し、授業を中心とする教育活動を展開する際に、その目的を達成する過程で提示、活用する材料であると位置づけた。

　図3―1に示したように、教員は各講義あるいは授業科目全体としての授業目標を達成するため、受講者である学生との相互関係において講義を進めて、目標とする内容を理解できるよう、教員が用意、介在させて受講者と共有し、各講義の目標を達成させつつ、授業全体としての目標を達成していく。したがって、教材は、各講義において精選されるだけでなく、その授業科目全体

第3章　家族援助（支援）論における教材研究

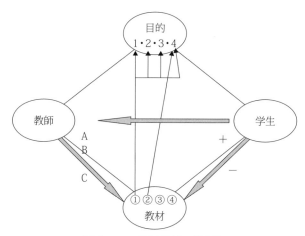

図3－1　**教材分析の枠組み**

として設定されている目標に到達できるよう促すことをめざして構成されている必要がある。

　こうした理解を前提として、教材の種類を、①図書教材（教科書、各種出版物）、②視聴覚教材（テレビ番組、ビデオ教材、CD、DVD等）、③コンピュータソフト教材、④実物教材（動植物等）の4種類に分類し、それぞれの教材が家族援助論の教育目標の達成のために、授業展開においてどのように活用されているかを分析することとした。

　全国保育士養成協議会に加盟している養成校を対象に、2005（平成17）年2月に実施した教員対象の調査（以後、「2005年調査」）をもとに、教材の概要を整理したうえで、2007（平成19）年2月に実施した事例調査（以後、「2007年事例調査」）を行った。この事例調査は、養成校6校において「家族援助論」を担当している教員を対象として、授業の実際についての聞き取りを行った。本稿はその結果を振り返り総括したものである。

2.「2005 年調査」における教材分析

（1）厚生労働省告示に示された「家族援助論」の授業目標

上述したように、教材は教育目標を達成するために選ばれる具体的素材である。そこで、まず、「家族援助論」が必修科目として位置付けられた当時に示された目標と内容を表 3 ― 1 に示した。

「家族援助論」は「保育の対象の理解に関する科目」に位置付けられ、講義・2 単位の必修科目である。表 3 ― 1 の通り、科目の目標は 4 項目である。

（2）教科書教材に関する結果

「2005 年調査」では 107 校中 82 校（76.7％）において教科書を使用しているとの回答を得た。表 3 ― 2 及び表 3 ― 3 に示したように、調査時点においては 9 種類の教科書が用いられており、10 校以上で使用されている教科書は 4 種類であった。

これら 4 種類の教科書について、目次を分析したところ、全ての教科書が表 3 ― 1 に示された科目の目標に沿う構成となっていた。また、告示内容全てを採り入れて記載されていたのは 1 種類のみであった。

内容のうち「家族とは何か」については全ての教科書において取り上げられていたのに対し、家族を取り巻く社会的状況と支援体制のうち、家族の福祉を図るための社会資源の項目については、触れられていない教科書が 3 種類であった。

告示内容を網羅的に取り入れていることが質の高い教科書の条件というわけではない。講義において、いずれの内容を重点的に伝えようとするか、また教科書を理解の助けとして使用することによって伝えたい内容は何か、それは担当教員の専門性や職歴、経験年数など多様な要素が関連し合っている。それぞれの個性を反映した授業展開となる。とりわけ、「家族援助論」の授業担当者

第 3 章　家族援助（支援）論における教材研究　　*39*

表 3 ― 1　「家族援助論」の目標と内容

＜科目名＞　家族援助論（講義・2単位）
＜目　標＞ 1. 保育所のもつ「子育て支援」を重要な社会的役割として理解し、児童・親を含めた家族が保育の対象であることを理解させる。 2.「子育て支援」は保育所だけでなく、その他の児童福祉施設の親についても同様に必要とされることを理解させる。 3. 現在の家族を取り巻く社会環境における家庭生活、とくにその人間関係（夫婦・親子・きょうだい）のあり方を理解すること及びそれをふまえて適切な「相談・助言」を行うことは「子育て支援」のために欠かせないものであることを理解させる。 4. 1〜3を踏まえ、それぞれの家族のニーズに応じた多様な支援対策を提供するため、児童福祉の基礎となる家族の福祉を図るための種々の援助活動及び関係機関との連携について理解させる。
＜内　容＞ 1. 家族とは何か 　（1）家族の意味（定義） 　（2）家族の機能 2. 家族をとりまく社会的状況と支援体制 　（1）都市化 　（2）核家族化・少子化 　（3）男女共同参画社会の進展 　（4）家族の福祉を図るための社会資源 3. 今日における家族生活（家族関係） 　（1）夫婦関係（子どもからみた両親のあり方） 　（2）親子関係 　（3）きょうだい関係 4.「子育て支援」としての家族対応 　（1）「子育て」からみた家族の課題 　（2）子育て支援の意義 　（3）子育て支援サービスの範囲 　（4）「相談・助言」という「子育て支援」 　（5）虐待などへの対応 　（6）子育て支援サービスの課題 　（7）子育て支援サービスの具体的展開 　（8）子育て支援における関係機関との連携

（厚生労働省告示第 198 号）

表 3 ― 2　使用されている主な教科書（2005.2　第 1 回調査時現在）

教科書名	編著者	単・共著	出版社	初版出版年	大きさ（版）・頁数	使用校数 2005.2 調査時
家族援助論	柏女霊峰・山縣文治	共著	ミネルヴァ書房	2002.4	A5 215 ページ	28
保育者のための家族援助論	阿部和子	単著	萌文書林	2003.12	A5 228 ページ	15
新・保育士養成講座 家族援助論	新保育士養成講座 編纂委員会	共著	全社協	2002.4	B5 2002 ページ	13
家族援助論	網野武博	共著	建帛社	2002.7	A5 177 ページ	10
家族援助論 ―子育てを支える社会構築	金田正三	共著	同文書院	2003.5	B5 172 ページ	8
保育士を目指す人の家族援助	山本信春・白幡久美子	共著	みらい	2003.5	B5 169 ページ	3
家族援助論 ―保育者に求められる子育て支援―	那須伸樹	共著	保育出版社		B5 190 ページ	2
家族援助論	安本仁子	単著	近畿大学豊岡短期大学	2002.4	B5 199 ページ	2
家族援助論 子どもを知る	小田豊・森真理	共著	北大路書房	2005.3（?）	A5 172 ページ	1

82 校（107 校中）　教科書使用校　76.6%

の専門領域は多岐にわたっており、焦点化する内容が教員によって異なることは十分に予測された。

（3）教科書以外の図書教材

　次に、教科書以外に用いられている図書教材については表 3 ― 4 に示した通りであった。主として教科書を補うサブテキストの性格を有するものであり、白書類、行政資料等資料の類と、関係する内容を記述した図書・文献の類とが用いられている。

　教科書は、おおむね原理的な内容が記されている場合が多く、授業の展開において、より新しいデータや資料を用いる必要がある場合に、白書や行政資料を用いることが有用である。また、新聞などで合目的的に加工された資料とは異なり、調査結果や信頼性の高いデータを把握し提供できるというメリットが

第3章　家族援助（支援）論における教材研究

表3―3　目次からみる教科書の内容（厚生労働省標準的教授内容との対比）

厚生労働省（標準的教授内容項目）		1	2	3	4	5	6	7	8	9
目的	1　「子育て支援」の社会的役割の理解・家族が保育の対象であることの理解	○	○	○	○	○	○	○	○	○
	2　支援の範囲：保育所、それ以外児童福祉施設の親	○	○	○	○	○	○	○	○	○
	3　現在の家族の状況、人間関係のあり方、相談・援助	○	○	○	○	○	○	○	○	○
	4　多様な支援対策、種々の援助活動、他機関との連携	○	○	○	○	○	○	○	○	○
内容	1　家族とは何か （1）家族の意味	○	○	○	○	○	○	○	○	○
	（2）家族の機能	○	○	○	○	○	○	○	○	○
	2　家族を取り巻く社会状況と支援体制 （1）都市化	○	○	○	○	○	○	○	○	○
	（2）核家族化・少子化	○	○	○	○	○	○	○	○	*
	（3）男女共同参画社会の進展	*	○	○	○	○	○	○	○	○
	（4）家族の福祉を図るための社会資源	*	○	○	○	○	○	*	*	○
	3　今日における家族生活（家族関係） （1）夫婦関係（子どもから見た両親のあり方）	○	*	*	○	○	○	○	○	*
	（2）親子関係	○	*	*	○	○	○	○	○	○
	（3）きょうだい関係	○	*	*	○	○	○	*	○	○
	4　「子育て支援」としての家族対応 （1）「子育て」からみた家族の課題	○	*	*	○	○	○	○	○	○
	（2）子育て支援の意義	○	○	○	○	○	○	*	*	○
	（3）子育て支援サービスの範囲	○	*	○	○	○	○	○	○	*
	（4）「相談・助言」という「子育て支援」	○	○	○	○	○	○	○	○	○
	（5）虐待などへの対応	○	○	○	○	*	○	○	○	○
	（6）子育て支援サービスの課題	○	*	*	○	○	○	○	○	○
	（7）子育て支援サービスの具体的展開	○	○	○	○	○	○	○	*	○
	（8）子育て支援における関係機関との連携	○	○	○	○	○	○	○	○	*

注1：教科書ナンバーは表1に対応する　　注2：○―扱っている　　注3：＊―扱っていない

ある。

　その他の図書教材についても、授業展開において、内容をより深く理解させるため、必要に応じて一部を印刷して配布したり、参考図書として紹介したりしている。教員は適宜多様な図書教材を活用し、教授法を工夫して授業を展開

表 3 — 4　図書教材（サブテキスト・白書・資料）一覧

図書教材		
著者	題名	出版社
	保育用語辞典 厚生白書・現代のエスプリ	ミネルヴァ書房 厚生労働省・至文堂
①河合	家族関係を考える	講談社新書（1980）
①汐見稔幸 ②柏女霊峰	世界に学ぼう子育て支援 子育て支援と保育者の役割	フレーベル館（2003） フレーベル館（2003）
①児童防止協会訳 ②アルコール問題全国協会	①目で見る児童虐待の手引き ②Ｂｅ！59 子ども虐待「暴力の連鎖」を断ち切る	関西テレビ放送（1993） アスクヒューマンケア
①現代と保育編集部 現代と保育編集部	親とつくるいい関係 人とのかかわりで「気になる」子	ひとなる書房 ひとなる書房
柏女霊峰	子育て支援と保育者の役割	フレーベル館（2003）
①畠中宗一	よくわかる家族福祉	ミネルヴァ書房
①畠中宗一 ②恒吉僚子　S. ブーコック	子ども家族支援の社会学 育児の国際比較	世界思想社（2001） 日本放送出版協会（2001）
①幼児教育研究会編	最新保育資料集 保育所保育指針	ミネルヴァ書房（2004）
①相澤譲治ほか ②垣内国光ほか	家族福祉論 子育て支援の現在	勁草書房（2002） ミネルヴァ書房（2002）
①柏木恵子 ②落合恵美子	子育て支援を考える 21 世紀の家族へ第 3 版	岩波ブックレット（2001） 有斐閣（2004）
①森上史朗編	幼児教育の招待	ミネルヴァ書房（1998）
①内閣府編	国民生活白書・家族の暮らしと構造改革	ぎょうせい（2002）
①清水浩昭ほか ②袖井孝子編著	家族革命 少子化社会の家族と福祉	弘文堂（2004） ミネルヴァ書房（2004）
柏女霊峰	子育て支援と保育者の役割	フレーベル館（2003）
柏女霊峰＋山縣文治編	家族援助論	ミネルヴァ書房（2004）
①小出まみ ②小出まみ・伊志嶺・金田利子	地域から生まれる支えあいの子育て サラダボウルの国カナダ	ひとなる書房（1999） ひとなる書房（1994）
家庭裁判所調査宮研修所	重大少年事件の実証的研究 児童虐待が問題となる家庭事件の実証的研究	司法協会（H.13）

第3章　家族援助（支援）論における教材研究

①倉石哲也	ワークブック社会福祉援助技術演習③家族ソーシャルワーク	ミネルヴァ（2004）
②長野敬ほか訳	一般システム理論	みすず書房（1992）
ノッコ		フレーベル館
①西澤哲一	子どもの虐待－子どもと家族への治療的アプローチ－	誠信書房
④林道義	家族の復権	中公害房
①信田さよ子	DVと虐待－家族の暴力に援助者ができること－	医学書院（2002）
③斉藤学	家族依存症	誠信書房
①沼山博編	トピックス子どもとかかわる人のための心理学	中央法規（2000）
①出版社編集部	社会福祉小六法	ミネルヴァ・毎年改訂版の最新版
①金田利子ほか	家族援助を問い直す	同文書院（2004）
②日本子ども家庭総合研究所	日本子ども家族年鑑2004	KTC中央出版
植田章	初めての子育て支援	かもがわ出版（2001）
山本信春・白幡久美子	保育士をめざす人の子育て支援	みらい（2004）
植木信一	保育ライブラリ児童福祉	北大路書房（2004）
①普光院亜紀	共働き子育て入門	集英社（2003）
②落合恵美子	21世紀の家族へ第三版	有斐閣（2004）
③鯨岡峻	育てられるものから育てるものへ	NHKブックス
①柏女霊峰	子育て支援と保育者の役割	フレーベル館（2003）
佐々木雄三	生徒指導・教育相談	福村出版（1991）
①山根常男	わかりやすい家族関係学	ミネルヴァ書房（1996）
①落合恵美子	21世紀の家族へ第三版	有斐閣（2004）
②小林育子・小林久利	保育所の子育て相談	萌文書林
①網野武博	家族援助論	建帛社（2003）
②野々山久也	家族福祉の視点	ミネルヴァ書房（1999）
曽和信一	障害児共生保育論	明石書店（2002）
①伊藤芳朗	知らずに子どもを傷つける親たち	河出書房新社（2000）
③小出まみ	地域から生まれる支え愛の子育て	ひとなる書房
④柏木惠子	親の発達心理学	岩波書店
①黒川昭登	家族福祉の理論と方法	誠信書房
①東洋・柏木惠子	社会と家族の心理学	ミネルヴァ書房（1999）
②柴崎正行・田代和美	カウンセリングマインドの探求	フレーベル館（2001）

している。

（4）視聴覚教材

　視聴覚教材は、各回の授業のねらいや目標を達成するため、教材として作成され、市販されているもの、テレビ局やラジオ局が作成した番組などが一般的である。

　「2005年調査」においては、「教科書以外の教材を利用している」と答えた養成校の80.4％が「VTR」を利用しているとしており、内容としては、子育ての困難に関することを取り上げたNHK等で放映された番組や、製作会社が作成したものが中心である。保育所が地域に働きかける役割を実践していることを紹介したVTRなどに加え、自らの撮影や編集によって、保育現場や親子の様子を伝える自作のものもあった。（表3─5）

　また、多様な家族について学ぶ目的や、家族とは何かを考える目的では、テレビドラマやアニメ、映画など、多様なものが教材として用いられていることもわかった。

（5）実物教材

　自然科学におけるように実験を主たる方法としていない、保育・教育学あるいは社会福祉学においては、直接的に実物教材に該当する教材は除外した。しかし、「家族援助論」において、家族援助に携わる保育士やソーシャルワーカーに実際的な講義を依頼する、実際に現場を訪れて体験するという方法によって、視聴覚教材よりも、より直接的に現場に触れるという機会を設けることが、しばしば行われている。

　実物教材という分類の名称の適切さにかなりの課題は残るが、若い学生が家族や家族の課題について理解するためには、実際的な体験談や事例紹介にふれることが有効であることも確かである。視聴覚教材のように、倫理上の配慮が

第3章 家族援助（支援）論における教材研究　　45

表3－5　視聴覚教材（VTR）

VTR	放送元・販売元
NHK 明日の福祉	NHK
世界各国の子育て第5巻スエーデン	子ども未来財団
・保育における家庭援助　第1巻：家族援助の基礎知識、 　　　　　　　　　　　　第2巻：家族援助の実際	V-tone ビデオライブラリ
・子ども家庭支援センター ・保育所の地域子育て支援 ・北海道の子育て支援 ・地域の子育て支援 ・仙台子育て事情 ・みんなで作る出会いの広場－もう一度家庭を見直そう 　地域ぐるみの育成活動	V-tone ビデオライブラリ V-tone ビデオライブラリ 自作 無記入 東北放送 無記入
・わかってください。母親たちの孤独 ・叫び－子育てママ14万通のメール ・子育てを放棄する親たち ・子育て奮戦記－悩んでいるのは私だけではなかった ・密室の親子 ・子育てを楽しむために	NHK スペシャル NHK 特集 NHK クローズアップ現代 愛知県製作 無記入 無記入
・子ども虐待　第1巻：子ども虐待を理解するために 　　　　　　第2巻：早期発見と初期対応 ・地域の虐待防止・幼い命の悲鳴を救うために ・ドメスティック・バイオレンス ・DV 防止法 ・カード破産 ・笑わない赤ちゃん ・水上隣保館の子どもたち ・幼稚園では遅すぎる？	V-tone 無記入 無記入 無記入 無記入 NHK クローズアップ現代 無記入 無記入
・ブフィナス家の人びと　ナビア ・寺内貫太郎一家 ・クレヨンしんちゃん・サザエさん ・家族再生 ・子どものしつけ　　家庭教育 VTR2	無記入 無記入 無記入 NHK 文部科学省
・クレイマークレイマー ・子どもを育てる男たち ・頑張れお父さん　　家庭教育ビデオ1 ・男性育児休暇	無記入 仙台放送 文部科学省
・家族の絆をみつめて ・軽度発達障害のある子どもたち	NHK ドキュメンタリー障害者の日に放映されたもの 無記入

※調査対象は 370 校（保育士養成校、専門学校・短期大学・4年制大学）中有効回答数は
　107 校（有効回答率 28.9％）

※VTR を使用している養成校は 37 校

処理されたうえで学生に提供されるものと異なり、十分な倫理上の配慮が必要
である。

3. 教材を用いた授業展開の検討

(1) 事例調査の方法と協力者の概要

　養成校を対象とする「2005年調査」の結果から、さらに教材を用いた授業
展開の研究を深めるため、実際にどのような教材を用いて授業展開を行ってい
るか、協力を得られた教員からの聞き取りによる事例調査を行った。

　協力教員は、首都圏の2大学、4短期大学で「家族援助論」を担当する教員
である。

　面接聞き取り調査は2007年3月〜4月に実施し、主な内容は、主に、教科
書・使用教材、授業の特色、講義内容で重点を置いているところ、学生の感想
や、家族援助論に関する教員としての意見等である。協力教員のプロフィール
は表3―6に示した通りである。なお、所属や担当科目名称等は調査当時の
ものである。また、協力者は専任教員としての所属機関において「家族援助
論」を担当する立場にあった。表3―7には、協力者から得た情報を整理し
て掲載している。

表3―6　「2007年調査」協力者プロフィール

教員	所属	家族援助論開講学期	専門領域	主な担当科目
A	短期大学	2年次前期	社会福祉援助技術論	児童福祉論・養護原理・養護内容
B	大学	3年次後期	臨床発達心理学	家族心理学・発達心理学・児童福祉
C	短期大学	2年次前期	保育学	乳児保育・保育実習・
D	短期大学	2年次後期	教育学	保育原理・保育総合演習
E	大学	3年次後期	保育学	乳児保育・保育実習
F	短期大学	1年次後期	保育学	保育内容総論・保育者論・保育実習

第3章　家族援助（支援）論における教材研究　*47*

　一見してわかるように、6 人の専門領域は保育学・教育学だけでなく、社会福祉学や心理学にわたっており、それぞれの立場によって「家族援助論」のとらえ方にも差がある。その点を視野に入れ、事例ごとに教材の選択や使用方法との関係に着目しながら紹介を行っていくことにする。

（2）事例 A　―保育士はソーシャルワーカーの仕事
①使用教材
・教科書：『家族援助論』（建帛社）
・図書教材：少子化社会白書、各種新聞記事
・視聴覚教材：VTR（障害者の家族、児童虐待に関する内容）

②「家族援助論」授業の特色
　事例やデータによる理解の助けとなるよう活用し、学生が発表する機会をできるだけ多く持つように心がけている。講義ではあるが、演習に近い方法を取り入れている。学生が就職を意識し始める 2 年次前期の開講であり、実習経験との結びつけも行うよう促して理解を深められるよう配慮している。

③「家族援助論」に対する意見など
　専門領域は社会福祉援助技術論であり、保育士は「ソーシャルワーカー」の仕事であるという考え方である。しかし、学生は、保育とソーシャルワークとを結び付けられず、家族援助の意義を十分に理解させることに困難があると感じている。保育の学習を発展させて家族援助論へと展開できるよう意識して授業に臨んでいる。
　保育実習の中で家族援助を学ぶことは不可能に近く、2 年間の学修期間では、家族援助よりもまず、子どもの保育に関する学習を優先させていこうとする姿勢が学生にも教員にも強い状況であり、「援助」を保育士の仕事に含めて

表3—7 調査

事例調査：首都圏を中心とする大学、短期大学、専門学校のうち、積極的に調査協力を得られる6校（大学2、短期大学4）について、2007年

	事例	A 短期大学	B 大学	C 短期大学
担当教員	年齢・性別	50歳代 男性	60歳代 女性	40歳代 女性
	所属等	専任 教授	専任 教授	専任 助教授
	専門領域	社会福祉援助技術論	臨床発達心理学	保育学
	家族援助論以外の担当科目	養護原理・養護内容・児童福祉論・保育実習	家族心理学・発達心理学・児童福祉Ⅱ	乳児保育・家族援助論・保育実習
教科書	書名	『家族援助論』	『家族援助論』	『保育者のための家族援助論ｊ
	編著者	網野武博編	網野武博編	阿部和子著
	出版社・年	建帛社 2002（平成14）年7月	建帛社 2002（平成14）年7月	萌文書林（2002年12月）
使用教材	図書教材	少子化社会白書（統計）各種新聞記事	絵本 新聞記事 事例プリント 関係機関のパンフレット	写真絵本 自作事例プリント
	視聴覚教材	VTR 障害者の家族、児童虐待	VTR 家族支援、海外の家族支援	VTR ふれあい交流、家族援助
	その他			実践者による講義
授業	開講学年・学期	2年次 前期	3年次 後期	2年次 前期
	授業形態	学生が発表し、教員が助言する方法を中心に行う。	講義、演習、ロールプレイ、ビデオ、グループワークなどを組み合わせて行う。	1時間の中で講義と演習を行う。
	学生による評価	1. 保育士養成科目の柱となる講義である。 2. 2年前期開講なので、1年のまとめと就職対策になる。 3. 事例、データを活用するので理解が深まる。	ロールプレイや演習を採り入れることで、親の立場や気持ちを理解できた。	これまで「自分の家族」について考えたことがなかったので、振り返りのよい機会になった。授業で「良い思い出がない」という体験を話した学生に対し、周囲の学生が評価できる点をみつけて「それは悪い例ではなく良い例（良い経験だ）」と展開できた。
	学生の評価に対する担当教員の意見	就職を意識し、少し、社会福祉や保育士に関心を持ち始めた時期の開講なので学習に力が入り充実していた。	育った家族ではない「家族」を理解することが難しい。	他教科に比べると、低いので、他の科目よりも理解するのが難しい科目かもしれない。 前担当者が高名な子育て支援の実践者であったが、家族援助論に対する学生の評価は低かった。
	授業の雰囲気	演習形式なので予習を行わせる。討論も充実する。	受講態度は良い。 50人以上では実施が困難	全体に良い雰囲気。演習への参加状況も積極的で、活発な意見、質問が出ていた。
	成績	合格100%	合格96～97%、受験資格無3～4%	合格100%
	意見・感想	1. 保育士がソーシャルワーカーの仕事であるという意識が低い。 2. 学習を発展的に捕らえるという認識が甘い。 3. 学科学習、演習など保育実習とのつながりをさらに深める必要性を感じる。 4. 実習指導に関する認識が甘く、教員側も「無事に終わればよい」という程度のものになっている。 5. 学科学習の中で、項目が重複しやすい。復習になるが、無駄に時間を消費するリスクもある。教員の授業項目の整理が必要である。	1. 半期では講義中心となり、演習や実際に家族にふれる機会などを採り入れるところまで行かないので、理解が難しいと思う。 2. 前期に家族心理学を担当しているので、通年科目のようにして実施していきたい。 3. 演習を取り入れる必要があるので、1クラス50人が受講人数の限度である。	1. 幼稚園教諭の免許にも必修にしてほしい。 2. 半期ではなく、通年にしてほしい。 3. 講義形式だけでは難しいので、演習形式も含めてほしい。

第3章　家族援助（支援）論における教材研究

事例の概要

2月に面接聞き取りを実施。主な調査項目は、教科書、使用教材、講義形態と講義内容、学生の感想、担当教員の意見など。

D　短期大学	E　大学	F　短期大学
50歳代　女性	50歳代　女性	60歳代　女性
専任　教授	専任　助教授	専任　助教授
教育学	保育学	保育学
保育原理・保育基礎演習・保育総合演習	乳児保育・保育実習	保育方法論・保育指導法・教育実習・保育者論
『保育士をめざす人のための家族援助論』	『保育士をめざす人のための家族援助論』	使用せず
山本伸晴・白幡久美子編	山本伸晴・白幡久美子編	
みらい（2003年初版、2005年第4版）	みらい（2003年初版、2005年第4版）	
絵本		自作プリント 新聞記事 事例プリント
VTR 現代社会、家族、仕事と育児の両立 ファミリーサポートセンター、海外の子育て支援	VTR・DVD 現代社会のデータ、子ども家庭支援センター、保育所、地域の子育て支援、相談援助技術	
2年次　後期	3年次　後期	1年次　後期
講義中心に行う。	講義と演習の組み合わせで行う。	講義および情報収集、ロールプレイング、家庭通信の作成等の演習により、保育現場で実際に生かせる知識を習得する。
受講する前の事前の評価は低い。（事前に見ていない）テキストについては、今、何ページ、といわないと活用できないが、テキストを読むだけの授業なら要らない。	7割が授業内容を良いと評価、3割が普通、と評価している。VTRや事例を提示することでわかりやすくなっていると評価している。	自分の体験を整理できて、良かった。実践的でわかりやすく、役立つ。楽しい授業。
授業前後にテキストを読んでほしい。毎回、課題を出してそれについてまとめてレポートしている。今までの15回のレポートのまとめとして1月中旬にレポートを提出させて評価している。	企業への就職を考えている学生もあるので、妥当か、と考えている。 視聴覚教材の充実により、関心も多少増すのかと思われる。	ねらいが帰ってくるので、反応がわかり面白い。
受講態度は良い。映像なども筆記している。最後に何のレポートが出るかわからないので、欠席者にはVTRを見せ、その日のレポートをまとめさせる。	学生の意識により授業への集中度が異なるが、必要性を感じている学生は多く、熱心な授業参加であった。	楽しい。演習的に行うので、学生が積極的に参加してくる。
合格100%	合格98％、不合格1％、受験資格無1％	合格98％、不合格1％、受験資格無1％
教育からのアプローチが、担当者により変化する。特に複数の人が担当した場合にアプローチの違いが目立つ。家庭における子育て支援に目が向く人、家庭における問題に目が向く人など、さまざまである。 ①保育者になろうとする人が家族を理解することと ②親が意識を持つようにすること、 の2点が大切である。また、自分自身が家庭を大切に思える気づき、自己の振り返りが大切。	1．1年次に「家族関係論」が平成18年度までは開講されていたので、家族の問題や生活の様子については、そこで学べていたが、家族援助論を15回だけでは、取り上げられる内容に限度がある。 2．コミュニケーション能力、文章表現能力が低下している学生の傾向があるということで、必要な基礎的技術を形成する演習的内容の科目がほしいと考えている。	講義30時間だけでは少ない。演習30時間も必要である。「保育者論」「保育方法論」等の授業でも家族援助に触れて、やっと消化できる授業であった。

理解させるまでには至らない面がある。また、家族援助論と社会福祉援助技術との授業内容の重複も起こりがちで、今後、整理する必要があるのではないかと感じている。

（3）事例B　―抽象概念としての「家族」理解の難しさ

①使用教材

・教科書：『家族援助論』（建帛社）
・図書教材：絵本、各種新聞記事、事例プリント、関係機関パンフレット
・視聴覚教材：VTR（外国の海賊支援など家族支援に関する内容）

②「家族援助論」授業の特色

　講義だけでなく、演習とロールプレイ、ビデオ等視聴覚教材、グループワークなど多様な授業方法を組み合わせることにより、理解を深めるよう工夫している。ロールプレイでは、実際の事例をもとにして親の立場や気持ちを理解できるよう工夫している。

　保育士志望の学生であるので、絵本を活用することや、海外で広がっている多様な家族のありようを知らせることも、積極的に授業に取り入れるようにしている。

　半期では講義が中心となるので、演習や実際の家族と触れ合う機会を行うころまで高めた内容で授業することは難しいと実感している。3年次前期に「家族心理学」を担当しており、「家族援助論」との、いわば通年科目のような授業展開を行って、1年間を通じて理解できるよう工夫している。

③「家族援助論」に対する意見など

　学生が育った家庭ではない家庭や家族というものを「抽象概念」として広く理解していくことの難しさを感じることが多い。講義科目とは言え、演習が適

第3章　家族援助（支援）論における教材研究　　*51*

している内容も含まれていることから、多様な授業方法を取り入れる必要を感じ、現在は50人で実施しているが、この人数が授業実施の上限の人数だと感じている。

　様々な方法の演習を採り入れることによって、家族援助とは何かを多角的に理解させることが可能にはなるが、いずれにせよ、半期の授業では講義中心に展開するのがやっとであり、演習の導入はごく一部に限らざるを得ないと思っている。

　生活経験の乏しい、若い学生が「家族援助」を深く理解することや、さらには実際的な対応力をつけることには無理があるように感じており、家族援助とは何か、という基礎知識を学ぶことに焦点をあわせている。

　対応力や実践力を保育士志望の学生に行うのと並行して、実際に従事している保育者、関係者に対して研修を行い、全体としての保育界全体の対応能力を高める努力も必要であると考えている。

（4）事例C　―必要科目だが授業の工夫がさらに必要

①使用教材
・教科書：『保育者のための家族援助論』（萌文書林）
・図書教材：写真を用いた絵本、自作の事例プリント
・視聴覚教材：VTR（ふれあい交流、家族支援に関する内容）
・その他：家族援助に携わる実践者の特別講義を取り入れている。

②「家族援助論」授業の特色

　1時間90分の授業の中で講義と演習を実施する工夫をしている。学生自身が自らの家族について振り返る機会がない学生が多く、この講義で自らの家族を言語化する試みがなされている。

　学生によっては、家族に良い思い出がなく、授業進行上、課題を感じる場合

もある。しかし、グループワークの中で学生間の演習的な話し合いを行った際、学生自らが気づかなかった家族への評価を他の学生から言葉にしてもらう機会を持つことによって、「自分の家族が悪い事例というわけではない」という気づきに至るといった成果が得られた。この時には、「家族援助論」の科目の意義について、教員自らも気づかされたと述べている。

③「家族援助論」に対する意見など

他の授業科目に比べると学生のモチベーションは高いとは言えない科目だと思う。前任者はこの領域に関する高名な教員だったが、学生の興味関心を引き出していたとも言えないようだったと感じている。それは教員の手腕というより、若い学生に取っては目前の保育に関する学習が精一杯で、家族援助論に関心を高く持つこと自体が難しいからではないかと感じている。

しかし、学生は演習的な展開への取組に対し、決して消極的ではなく、実践者の特別講義では十分に理解を深めているので、授業の工夫を十分に行い、時間をかけて丁寧に展開すれば効果があるのではないかと感じている。

保育士だけではなく幼稚園教諭免許取得においても必修化すべき時期に来ているし、半期と言わず通年で演習を含めた展開が必要である。

(5) 事例D ―家族を理解しようとすることは保育者にとって必要

①使用教材

・教科書：『保育者をめざす人のための家族援助論』(みらい)

・図書教材：絵本

・視聴覚教材：VTR（現代社会や現代家族、仕事と育児の両立、ファミリーサポートセンターの実践、海外の子育て支援などの内容）

第3章　家族援助（支援）論における教材研究　　*53*

②「家族援助論」授業の特色

　講義中心に実施している。学生の関心は決して高くない。授業前に次回の講義関連の教科書の箇所を指定するほか、毎回の授業後に課題をまとめるレポートを課している。

③「家族援助論」に対する意見など

　家族へのアプローチは、専門領域により多様に変化するので、教員ごとに内容の幅がかなり広いのではないかと感じている。家族、家庭の子育て支援に目を向ける担当者もいれば、現代家族のおかれた問題点、家族の変容に目を向ける担当者もいる。そうした状況のもとで共通に学ぶべきことは、保育者をめざす学生にとって、家族に目を向けること、家族を理解することが重要であるということを理解させるということと、保護者が家族のありように目を向けることができる援助を行えるようにすることの2点だと考えている。

　学生自身が自己を十分に振り返り、家族を大切に思えるという気づきに至るよう教育することが養成施設の役割であると考えている。

(6) 事例E ―「家族関係」に関する基礎学修が必要ではないか

①使用教材

・教科書：『保育士をめざす人のための家族援助論』（みらい）

・図書教材：特になし

・視聴覚教材：VTR（現代社会、データ、子ども家庭支援センター、地域における子育て支援、相談援助技術に関する内容）

②「家族援助論」授業の特色

　講義と演習の組み合わせによって行っている。VTRなどの副教材や事例の提示によって、理解が深まっているという評価を得ている。学生は必ずしも保

育者になるわけではなく、関心の度合いは異なっているが、家族は共通に関心を持ちやすい内容であるように思う。とは言え、援助対象としての家族ではなく、自分の身近に家族があるから、という関心にとどまっているのが実情だと感じている。

③「家族援助論」に対する意見など

家族援助論をいきなり学ぶことに無理があるように思う。以前は「家族関係論」を基礎的な授業に位置付けていたので、その基礎知識のうえに、家族援助の意義を理解させることが可能であったが、「援助」対象として唐突に家族をとらえることでよいのか、疑問もある。家族の問題や生活の様子といった基礎的学修を含めると15回では不足すると思う。また、コミュニケーション能力や文章能力の不足を補う演習科目を基礎に置くことで、家族援助に限らず、学習効果が高まるのではないかという印象を持っている。

(7) 事例F ―演習を組み合わせることが重要

①使用教材

・教科書：使用していない

・図書教材：自作プリント、各種新聞記事、事例のプリント

・視聴覚教材：特になし

②「家族援助論」授業の特色

講義及び情報収集、ロールプレイ、家庭通信の作成などの演習により、保育現場で実際に生かせる知識を体得できるよう工夫している。学生は自らの家族をめぐる体験を整理する機会を得られて良かったと評価している。

③「家族援助論」に対する意見など

30時間の講義だけで教えることはできない。「保育内容総論」や「保育者

論」を担当する立場にあるので、それらの授業科目にも内容の一部を割り振りしながら、全体として「家族援助とは何か」をようやく消化しているのが実態である。演習的な授業のほうが学生は積極的に臨む傾向がある。

4. 特色ある教材活用と教授法の事例

(1) 事例A における授業目標の設定と授業展開

短期大学で「家族援助論」を担当するA教授は社会福祉学を専門としており、その授業展開では、視聴覚教材としてNHKの「こどもの療育相談」の「海と歩んだ10年」を用いている。「こどもの療育相談」は、1993年4月から2000年3月まで、障がいのある子どもの療育について保護者向けに解説していた番組で、視聴者による育児記録をもとに構成されていたことから、そのリアリティが視聴者の心をとらえ、社会福祉や障がい児保育などの授業で用いられた番組である。障がい児の家族が積極的にテレビ出演するという点で画期的でもあった。

A教授は15回の授業のうち、前半の授業目的は「子育て支援の社会的役割」に重点を置き、支援の範囲や現代家族の理解を促す授業を展開している。教科書を用いた予習を義務づけて学生に教科書の内容を報告させて助言するなどの方法を行っている。

後半は、多様な家族援助や援助技術の理解を学習目的として、事例研究も3回ほど採り入れることにより、演習形態によって理解を促す工夫をしている。

予習のために教科書を読み報告することを義務づけることは、学習成果に繋がっているという実感がある。さらに、図書や印刷教材を通じたデータ学習と、児童虐待に関するNHKの番組視聴によるリアリティの伴う学習機会を提供するようにしている。これらがあいまって、現代家族の抱える課題を理解しようとする姿勢は身についているという手ごたえを感じているとのことである。

しかし、A教授が社会福祉を専門としているためもあり、「援助」の具体的な能力を高めることを学生に求めているのだが、この点に関する学生の評価は十分得られないという。つまり、「家族援助論」の目標を援助の実際的な方法の修得に求めることは難しく、その点では、「社会福祉援助技術演習」の重要性が増すと指摘している。

(2) 事例B　における教材の活用と授業展開

B教授は教科書を基本的教材に位置付けて、これに新聞記事や各種の援助機関のパンフレットなどの資料、絵本やVTRなどを加えて、各授業における目標に沿って適切な教材を選ぶようにしている。授業方法においては、ロールプレイを行ったり、ワークシートを記入させるなど、演習的な内容を取り入れて、各教材の特性を生かした授業方法を用いるように工夫している。

たとえば、現代家族に関する一般的理解を促すことを目的とする講義では教科書の記述を理解することを主眼として基本的知識の講義を行うが、男女共同参画社会の視点や日本の育て支援に関する理解を促す授業では、新聞や行政資料から新しい資料を用いることで学生の関心を引く。また絵本を適宜用いることにより、保育者として、子どもたちに対して伝える能力を形成できるよう工夫した授業展開を行う。

また、家族・家庭を支える社会資源を学ぶ授業では、グループワークによって学生相互の意見交換を促す。

具体的な援助方法を体感的に学ばせたい授業では、事例を紹介し、必要に応じて相談援助のロールプレイや、保護者の当事者グループを想定したロールプレイを勧める、当事者の意持ちを理解することができるよう工夫している。

B教授の場合、保護者・家族の支援において単なる資源紹介では「家族援助者」として不十分であると考えている。日本において家族支援の理解が未成熟であり、これを高める重要性を痛感しているという。保育者が家族や家族の支

援を理解することは、必ずしも社会資源の理解とイコールではないが、教科書を用いて教えやすい分野である。

　学生が自分の育った家族を超えて、家族一般というものを想像し、保育者として理解できる能力が必要であることを痛感する一方、それを若い学生に理解させることの困難も強く感じているという。

　自分が経験していない他者の家族を把握することや、課題を有する家族を正しくアセスメントして、客観的に支援の計画を立てるということを、保育士に求めることが難しく、「家族援助」が成熟していない日本の現状で、家族援助論を授業科目に加えたことで学生が家族を理解できないのではないか、と厳しい指摘をしている。総合的に勘案すると家族援助論は「試行的」段階であり、その試行的段階のカリキュラムへの導入に疑問を投げかけている。

（4）事例C　─学生自身の経験を教材とする授業展開

　保育学を専門とするC教授の場合、ほぼ毎回の授業を講義と演習で構成している。教科書はもちろん、VTRや絵本、自らが保育現場で経験した事例の紹介、さらには実際に現場実践に従事している保育士による講話等々、多種多様な教材を用いることによって、学生が自ら関心を持てるよう工夫している。

　最初の授業から、学生自身の経験や知識について話し合い、その後にそれを客観化できるよう発表や意見交換を行う。授業の柱は、①家族の多様さの理解、②家族援助の方法、③支援の実際の3本で、様々な家族像の確認をしながらケースワークを始めとする援助方法の学習を行う。学生自身の経験を教材とすることにより、経験から理論へと展開できるよう工夫している。知識としての援助ではなく実践力に繋がるよう展開するようにしている。そして最終的には、保育士の関わりによって、援助を必要とする家族の気持ちや態度の変化をもたらすことができるということを理解できるようにしていく。

　学生は抽象的な概念として家族を理解することが難しいので、学生自身の経

験を起点とすることや、実践現場の経験者による具体的な話を聞ける機会を設けることは不可欠であると考えており、ケースワークについても事例研究によって具体的に理解することが可能である。

5.「2005 年事例調査」における教科書の再分析

　最後に「2005 年調査」において使用実績の高い教科書 3 冊について、教材として使用している教員の使用方法との関連も含め分析を行った。いずれも厚生労働省の示す標準的内容のうち、4 つの目的は網羅されている。内容については、それぞれの編者の考え方により、重点の置き方に差がみられる。

（1）教科書 A

　厚生労働省の示す標準的内容の順序をほぼ忠実に踏襲していることが本書の特色である。4 章 11 節からの構成であり、本書を使用している教員からは 15 回の授業で無理なく使用できるよう配慮されている。

　記述の平易さ、図表配置の適切さなどの読みやすさ、見やすさに加え、ハンディで価格が手ごろであることも学生に勧めやすい理由となっている。

　家族援助が必要となる背景の分析に重点があり、それに伴い、援助の種類や児童福祉施策を網羅的に示されて、支援体制の理解を助ける内容となっている。その反面、保護者はどのようなことに困り、悩み、保育士や保育所がどのように対処できるのか、など援助事例の実際を知らせる意図は相対的に弱い。このため、授業展開上は、事例や VTR などを採り入れて、援助を必要とする場面を理解させる工夫や、演習的に事例を討議してみる体験などを取り入れることにより、家族援助論としての目的の達成に効果的であるとの感想が寄せられた。

（2）教科書 B

ページ数は教科書 A とほぼ同様の 10 章 34 節の構成であるが、判型は大きめなので、ハンディさや手ごろ感よ、詳しさ、説明の丁寧さが特色と会っている。15 回の授業で網羅的に使用するよりは予復習として読みこなすことも視野に入れて編集されていると思われる。

厚生労働省の標準的内容のうち、保育所以外の児童福祉施設における家族援助や、特別な配慮が必要な家族への援助などを独立の章で扱って詳しく記述しており、全体として、家族が実際にどのような問題に直面しているのか、具体的に理解させようという意図が強く伝わる。

使用している教員は「保育士として目を向けるべき親の姿や親が悩んでいる点などを具体的に理解させることができる」点を評価している。教科書 A と比較すると、支援体制より実際の問題理解に適した内容となっているので、支援体制については、資料を補充して授業を展開することが効果的であるとのことである。

各章は執筆者に任されて独立的な性格が強いところに特色があり、家族援助の課題や展望について総括的に理解させるには、授業を実施する教員が一定の知見を持って学生に示すことが必要となるが、学生は章ごとに読むことにより、その項目について一定のまとまりある理解が可能である。

（3）教科書 C

教科書 A と同様の判型でが、4 章 13 節の構成である。厚生労働省の標準的内容を網羅しつつ、教科書 A とは対照的に、事例が豊富に示されているので、具体的なイメージが湧きやすく、家族援助とはどのようなことなのかを具体的に理解できるところに特色がある。

使用している教員からは、家族の日常の生活を、現代家族を取り巻く背景の現象としてとらえる視点が明確で、背景を身近な生活に発見できるよう記述さ

れていることや、家族観の入念な検討がなされていることにより学生の深い理解を促すことに適しているとの章の理由が寄せられている。制度を列挙することを避け、保育者の視点で子どもと家族の生活を理解するという執筆方針が一貫している。家族援助論に求められる多角的な問題提起を行うため、家族援助の対象となる家族の問題や課題の所在を理解できるよう工夫されている。

6. 家族援助論の必修化当時における教材及び教授法の再検討

(1) 教科書使用の意義

　家族援助論の必修化が開始された当時、どのような教材が用いられて授業が行われたかに関する当研究会の研究成果を回顧してきた。

　本章で定義したとおり、教材は、「一定の教育目標を達成するために選ばれた具体的な素材」である。授業を行うにあたり、教科書は、教員が授業科目の目標を全体として達成できることを考慮して使用する教材の中心に位置づけられる。したがって、「家族援助論」の授業を通じて修得すべき4つの目標と17項目の内容（表3─1参照）を理解できるよう編集されている教科書が望ましいということができよう。

　一方、「家族援助」は確立された領域とは言えない状況の下、今回の調査でも明らかになっているように、授業が必修化されたことに伴って、担当者も、心理学、社会学、社会福祉学、保育学、教育学など幅広い専門領域の教員による授業担当が行われた。

　各教員の専門領域の特性を反映して、子どもの環境としての家族に着目し、家族関係・家族内力動の学習を重視する場合、家族の変遷や家族機能など家族の社会学的理解を重視する場合、そして家族援助の支援機関や体制の現状に関する理解を重視する場合、事例にもとづくケースワーク等の援助過程を学習する場合などが見られている。

　教科書を通じて、家族とは何か、の一般論から出発し、現代家族がどのよう

第3章　家族援助（支援）論における教材研究　　*61*

な背景によって変遷してきたかなどを理解することにより、家族生活や家族関係の現代的特質について学び取る。「家族援助論」の前提となる知識の修得にあたる部分である。

　これを前提として、家族援助を実際的に理解するために、事例紹介を用いて援助対象となる家族の具体例を理解し、どのように援助を行っていくか、また、どのような援助体制があるかを具体的に教えていくことになる。

　が、事例を用いてミクロな視点での援助過程を理解できるようにすることとマクロな視点で相談支援体制を理解できるようにすることは「社会福祉援助」（当時）の領域で学ぶ内容との重複が起こりやすい領域でもある。家族に関する基礎的理解を促すための内容は、教科書が一致して扱う内容であるが、「援助」に関する内容は、上述したようにバラつきが見られている。

　教科書は、そうしたバラつきを補う意味を持っている。教員がすべての内容を網羅して授業を展開するというのは、決してたやすくない。教科書は、教員が授業で扱いきれない範囲や、応用的内容を「読む」ことによって定着させるという利点を持っている。たとえば、図表の解説を授業で行っておいて、その解説の記載されている内容を読んでおくことを宿題にする、逆に、予習のために読むよう指示する、などの方法が可能である。

　教科書は全員が同じものを手にして、読んで理解することのできる共通教材であり、大事な部分を相互に確認し合うなどの方法で学習目的を達成するための教材としての性格を有している。

（2）図書教材

　白書等の政府刊行物、保育現場の実例紹介、問題意識を深める内容の図書などが用いられている。教科書を基本として使用しながら、文献紹介を行うことや、家族のリアルな姿を伝えるための図書を副読本として紹介し、レポート課題として感想を話し合わせるなどの方法で用いられている。

白書や政府発表の資料等については必要箇所を印刷して使用されている。

(3) 新聞、印刷物などの副教材

　新聞や印刷物など、教科書以外の幅広い副教材も多く用いられていることがわかった。

　特に新聞記事は、様々な社会事象を知り、背景にある社会状況を学ばせることや、シリーズの企画記事などから言説にふれさせることなど、様々な目的で新聞が用いられている。生きた現実というものを知るという点で、視聴覚教材と同様の利点を有する副教材となりうる素材である。

　それぞれの授業の目的を達成するために有効な資料等を選び出し、副教材として提供されている。家族援助論の場合では、家族に関するデータや、歴史的変遷を知る資料、援助体制のフローチャートなどが用いられる。身近な自治体の援助体制や、援助機関の発行しているニュース類、広報紙、パンフレットやリーフレット類も多く用いられる。

　「援助」の実際を理解するために、利用者が実際に手にするものを知っておくこと、あるいは、援助に関する学習においては、利用者の立場に立ってみるという体験的な学習が有効である。

　一般に、保育士を目指す学生は、子育てや家族への援助の具体的な展開を理解することが難しい傾向がみられる。多くの学生が、子どもの保育内容や保育教材など具体的に保育者として子どもの保育に向き合う際に役立つ内容に関心を寄せる。そのため、「援助」を具体的にイメージすることは授業全体を通じた目標でもあり、家族援助が保育士の仕事であるということを身近に感じることができるためには、保育士が家族援助に関与していることをイメージできる図版などが有効である。

　副教材としての留意点は、新聞の場合には、視聴覚教材と同様であるが、記事執筆者、製作者の意図によるバイアスが反映されていることを前提に使用す

ることである。いかなる印刷物も当然、作成者の意図を反映するのであり、そのことを教員は留意して学生に伝える必要がある。

(4) 視聴覚教材利用の利点と留意点

視聴覚教材は、講義で補えないリアリティを学生に伝えられるという点で、教科書や資料の印刷物と異なる強みを持つ教材である。

視聴覚教材として用いることを目的として製作されている教材には、標準的授業内容に沿った基礎的内容ものや、応用的なものがあり、各教員の判断で授業の進行に沿って用いられていると思われる。

そのほか、テレビ番組や映画などが随時取り入れられていることは、「2005年調査」の結果で示した通りである。ドキュメンタリー番組、アニメ、映画などが用いられている。

いずれも言葉や文字から伝えきれない現実や、日頃、見聞きできない保育現場での子どもや保護者の姿、保育士の生きた声や、場合によっては、触れる機会のない苦悩や想いを知るという点で、印刷された教材とは全く異なる性格を有する教材ということができる。とは言え、教材として用いるには、教員が学生に何を伝えようとしているのかを十分に理解させたうえで使用する必要があり、ここでもまた、　一定の教授法との組み合わせによって活用されることに留意する必要がある。

市販されているものは、教科書と同様、教材として一定の目標に沿った内容で編集されており、使用する教員が、授業計画を立てる際に、授業展開に有益な使用方法を工夫して用いることができる長所がある一方、視聴する目的を明確にしたり、ワークシートを配布して課題を明確にさせたりしたうえで用いる必要があり、授業の内容を補完する一方、補完の程度が教員の力量にも左右されるという面がある。

家族援助の必要性や有効性を理解するためには、家族が直面する種々様々な

問題を正しく理解することが必要とされる。テレビ局等が作成した番組の場合は、番組制作者の基礎知識や価値観いかんによって、学生が偏った受けとめをする場合があることも留意する必要がある。

自分または周囲の親しい友人の家族が、学生の想像できる範囲にある家族であり、援助対象としての家族の理解は学生にとって難しい。

視聴覚教材の優位性の第一は、問題の所在に気づくことに有効である点である。なかでも、深く、重い問題を抱える家族、あるいはどこにでもいる家族が子育てという新しい課題に直面する中で、それを乗り越えるための支援について学ぶには、実際の家族の言葉や生活の様子を目にし、耳にすることが重要である。その点で、視聴覚教材は学生の心に深く訴えかける力を発揮する。視聴の結果、「考えさせられる」という経験を語る学生が多いのは、視聴覚教材の有する優位性に他ならない。

視聴覚教材の優位性の第二には、外国はもちろん、国内であっても、先進的な取組について視聴を通じて学ぶことができる点である。実際に視察することが難しい海外の状況を知るためには、テレビ番組やDVDが効果的である。また、専門家の視点で監修されている場合、わかりやすい解説が付されて教科書的に用いることができる。

いずれも教科書や印刷物では理解が及ばない範囲について理解できる利点を生かすことができる。

そして、第三に、何といっても、当事者を含め関係者の生きた声を直接に聞くことができ、その表情に直接に感じ取ることができるという点である。子育ての課題に直面する保護者の声や、それを受け入れて課題の解決に向かおうとする保育所、保育士の声や姿にふれることにより、リアリティを持って理解を深めることができる。

以上のように視聴覚教材は理解の助けとして強みと利点を有している。

ただ、視聴覚教材を教材として生かすためには、いくつか配慮事項がある。

第3章　家族援助（支援）論における教材研究　　65

　第一に、その教材を視聴する目的が何であるかを明確に示すことである。ド
キュメンタリー番組など優れた番組には、多くの示唆が含まれており、導入で
の指示無く視聴すると、学生はそれぞれの感性で素直に視聴することになる。
番組制作者の立場に立てば、それは望まないことかもしれない。また、学生
が、一つの教材を自由に感受することは否定されるべきことではない。全体と
しての感想を求めたい場合や、どのような点にどのように反応する学生が多い
のかを知るという目的であれば、むしろ自由に視聴後に自由な感想やレポート
を提出させるという授業展開が可能である。

　しかし、教材として用いる場合には、授業の目的を達成するためには、教員
はその教材を、何を理解するために選んだかを伝え、視聴のポイントを知らせ
る必要がある。そして、終了後は、その目的をどう達成できたか、その点を評
価しなくてはならない。

　評価方法は、第一に授業の目的理解に結びつきやすい内容で、ワークシート
をあらかじめ用意しての記入を求める、第二に自由形式でレポート提出を求め
る、第三に、ビデオ視聴の結果をグループで学生同士がディスカッションする
ことによって、理解を深めあうなどの方法がある。

　いずれにしても、講義とは異なるインパクトを言語化して自ら定着させてい
くような試みを伴わせておくことが視聴覚教材の使用には必要である。

（5）実物教材の考え方

　「家族援助論」では、実物教材は、たとえば、見学や実習などの実際的な体
験や、家族援助の従事者や当事者から一切の話を聞かせていただく方法で得ら
れる素材が、これに該当すると考えることもできる。家族援助の実際に携わる
保育士、ソーシャルワーカー、カウンセラーなどから実際の話を聞かせていた
だくという方法は多く用いられている。視聴覚教材以上に、リアリティを伴っ
て伝わり、また質問ができるなどの双方向性も利点と考えることができる。し

かし、人間の経験、それも心の痛みを伴う経験を「素材」と物質化する表現においてとらえる姿勢そのものが誤りと言わねばならない。

現場の体験の提供や、現場において学ぶことで体感的に学ぶことに際しては、そのことに向き合う真摯さ、提供される内容あるいは提供者に対する敬意を払うという根本的な姿勢を、いかにして学生に修得させるかという観点が求められる。

最近では、現場における研修などにおいても必要なことから、実際の事例を倫理的に問題なく、かつ事例としてのリアリティを保てるような処理を行った事例の提供を行うことも行われており、今後、教材としての事例集の出版、使用上の倫理的配慮や、それ以前に人間として学生が修得すべき敏感さをどう育てるかなどを検討し、教育に反映させていくことが必要である。

7.「家族援助論」の教材及び教授法をめぐる課題

(1)「家族援助論」導入の意義

平成14（2002）年、指定保育士養成施設の新たな教育課程において「家族援助論」の科目が新設されたことは、子どもの育ちの基盤となる「家族」への援助・支援が、保育ならびに保育士の専門性として、明確に位置づけられたことを意味している。その背景は、子どもの生活の変化や「不安や悩みを抱える保護者が増加し、養育力の低下や児童虐待の増加」[(4)] などであることが示されており、乳幼児期の子どもの養育の課程にある家族の不安定さへの介入、支援を行う重要性が認識されたことがわかる。

とは言え、必修化当時、保育所のもつ『子育て支援』を重要な社会的役割として理解し、児童・親を含めた家族が保育の対象であるということ認識が、どの程度浸透していたであろうか。

既に、科目の導入から10年以上を経て、子育て支援拠点事業を実施する場が増加し、子育てにやさしい街づくりも進み、子育て環境は少しずつ改善され

てきているということができるが、保育所の家族援助機能がどのように理解されているか、必ずしも確立した領域となっているとは言えないだろう。

　保育所を増設することがイコール子育て支援であるという理解だけが広がることは、保育の内容とその実践に示される保育の「質」の担保をおろそかにすることに繋がっているのではないかということが危惧される。保育士の人材確保の困難ともあいまって、保育士資格を持たない人材の投入が検討されるに至っては、「家族援助論」が保育の本質に関わり、児童と親を含めた家族が保育の対象であるという認識の現場への浸透は失速せざるを得ないのではないか。

　日々の保育が専門性を持って展開されて初めて、子どもの姿を家族との関係性において理解することができ、そこに専門的に学んだ初期対応が保育士あるいは保育所全体として協働的に発揮され、支援が困難であるなら、地域の支援体制へと連携させていくようなソーシャルワークの手法が発揮され、それらにより、子どもと家族が安心、安定した生活をしていけるようになる。こうした展開が可能であることを学生時代に十分に理解すること、言い換えれば保育士養成課程において、しっかり学ぶことが、子育ての難しさが増している現代社会に求められている。

　したがって、保育士養成においては今後ますます、「家族援助論」（家庭支援論）が重視されることが望ましく、子どもへの保育内容を学び実践的な実力を高めるのと同じ重みを持って、家族への対応ができる能力の形成が必要である。

（2）保育士・保育所と家族との関係を学ぶ授業科目としての意義

　科目の名称が示すように、家族を援助対象として、援助するための方法を学ぶ科目、と考えられがちであるが、「家族援助論」には家族との関係をどのように結ぶか、という保育における援助関係、保育関係という社会関係を学ぶ授業科目としての性格を見出すことができる。

1990年代から登場した「モンスターペアレント」という言葉は、教育現場における保護者と教師との信頼関係の断絶を示していると言ってよいだろう。同じころから、保育現場においても、「保育士は保護者に感謝される職業ではなくなった。」という言葉が実感を込めて語られるようになった。

このことは、社会福祉基礎構造改革の進展と無関係ではない。すなわち、社会福祉施設は「利用」する場になり、保護者は権利として保育所を利用する消費者となった。サービス利用者である保護者がサービス提供者である保育所との間で、さまざまな約束事のもとで、常に「何か」に備える危機管理が行われていることを前提に安心して保育所を利用する、という関係性が強まった。

こうした混迷のもとであればこそ、子どもの成長への寄与という無形の営みに対する信頼や協働性が重視され、保育士・保育所と保護者の信頼関係を成立させていくことにより、それぞれの立場から子どもの育ちに関わり、共に喜ぶという保育の価値に立ち返らなくてはならない。

「子育て支援」は、保育現場で何かの「課題のある保護者や家族」を支援するという観点に立ったものになりがちである。保育士が家族の力動や家族間の相互作用を読み解く力を備えていれば、子どもの変化の背景にある家族の状況に気づき、適切な初期対応が可能となり、よりよい保育を提供することが可能となる。

が、それにとどまらず、保育士・保育所が、保護者と協力しあい、子育てを共に行う役割を担うという保育の再定義を行うとするなら、「家族援助論」は保育の本質を学ぶ重要な科目であるということが明らかになってくる。保育は、児童が健やかに生まれ育つ権利の保障であるから、個々の児童を取り巻く家族環境に働きかける援助・支援は、保育の本質に他ならないからである。

児童が保育を受ける権利を具現化しつつ、保護者が就労する権利を一体的に保障する性格を有しており、保育所は子育ての過程にある家族を援助・支援する役割を担っているということができるのである。

「家族援助論」あるいは現在の「家庭支援論」は、保育の本質に関わって保育関係という社会関係を見直し、確立していく為に求められている重要な授業科目であるということができる。

（3）「家族を知る」における教材と教授法の検討

「家族援助論」の意義を前提とした教材のあり方は、どのように考えることができるだろうか。

本研究では、教材は教科書、副読本や印刷物など図書教材、視聴覚教材、実物教材などから構成されていることと、導入されたばかりの授業が、どのような教材によって、どのように教授されているのかを検討してきた。そして各回の授業の目標によって教材の適切さは異なることになり、それらの総体としての授業科目の目標を達成するためには、複数の教材を組み合わせて使用されていることが明らかになった。

本研究の過程で、明らかになっていることの一つは、日本では、家族福祉あるいは家庭福祉、家族療法など、家族や家庭を生活課題解決のための援助過程を理論化することは必ず確立しているとは言えないことと、家族について考える機会がなく、メディアや世間話の次元で理解した「家族」を家族だと認識したまま保育に従事しているのではないかということである。それは、ある意味で危険ですらある。

そこで「家族援助論」の第一段階を、家族それ自体を対象化し、客観的に理解を深めることに位置付ける。

両親と子ども、祖父母といった、家族のいわばステレオタイプの家族だけを家族であるととらえて、多様な家族の姿を例外に扱うような家族理解を改めることから始めることが必要である。

ひとり親家庭はもちろん、多文化や多言語を背景とする家族、経済的な困難に直面している家族、高齢者の介護や家族内の障がい児・者の対応を必要とし

ている家族、養子・養親で構成される家族など、学生の身近には接したことがないかもしれない家族の存在をまず知る、という段階である。

ここでは、教科書を用いるなどして、家族の定義や家族の多様さを学ぶだけでなく、視聴覚教材や新聞の特集記事、副読本などを用いて、多様さについて理解することが効果的ということができるだろう。家族の多様さを「知らなかった」ことを知ることと同時に、それは少数の例外であるという誤った認識にならないように工夫しなくてはならない。少数であるかどうかが問題ではなく、予想したことのなかった家族のありようを、ありのままに理解することが大事であり、少数者への差別につながるような、例外の扱いを戒める配慮が必要である。

障がい児を育てている保護者が「障がい児の親」と呼ばれ続けていることに、強い抵抗を感じ、何かあると「母子家庭だから」「父子家庭だから」と言われることが腹立たしいと語る保護者の言葉に十分に耳を傾けなくてはならない。このように、「例外」としてではなく、ありのままに受け入れるという態度を形成するためにも、当事者の声にできるだけ多く触れることのできる教材や教授法が適切といえる。

事例調査における例では、障がい児を育てる家族のテレビ番組の使用や、当事者を講義に招いて学生に直接話してもらうなどの方法が有効な方法が報告されている。

また、多様な家族について、学生相互に話し合う時間を持つことも大事な方法である。今回の事例調査のなかで、学生自身が自らの家族を良くない家族と思っていたが、学生同士が話し合う中で、そうではないと気づいたという報告があった。学生相互の関係の中で学び合える可能性を示す好事例と言える。

が、その逆効果にも配慮しておかなくてはならない。多様化、複雑化する家族は、養成課程に学ぶ学生にも増えている。それは、多くの教員が実感していることであろう。このため、事例のように、自らの家族のことを開示できる者

第3章　家族援助（支援）論における教材研究　　*71*

や、開示できる環境が用意されているとは限らず、中には、内面に家族の課題を抱え込んで苦悩している学生がいるかもしれないということには配慮した言葉の選び方、授業展開の仕方が必要となる。また、グループワークでのメンバー構成や教員のファシリテーション能力いかんによっては、学生を更なる苦悩に追い込む恐れもあることも視野に入れておく必要がある。

　加えて、近年では、子どもに対して家族の多様さを理解できるようにする絵本が多数発行されている。保育士自身が正しい価値観を身につけることと同様、子どもたちにも同じく正しい価値観を伝え、当事者となる子どもの心を励ましたり、その家族を応援することも、次世代社会を育成するための大事な仕事である。

（4）「家族への支援課題を知り、援助過程を学ぶ」ための教材と教授法

　「家族を知る」段階の次に、実際に支援課題がどのように表出されるか、について学ぶ段階がある。つまり、家族がどのような課題に直面しているのか、個別的に感受できる能力を身に付ける段階である。

　保育士が家族に対して援助・支援できるレベル、保育所が保育所として援助・支援できるレベルは、一言でいえば、初期対応や予防的対応であるといえよう。もちろん、ソーシャルワークや心理学を学び、もう一歩踏み込んだ課題への対応をできる能力を備えた保育士やスタッフがいる場合もあるので、一律に言い切ることはできないのであるが、養成課程を経て保育士になった保育士にあっては、まず、個別的な家族を受け容れ、その家族に何か課題があるのではないかということに気づける、それが第一の関門になる。

　そのためには、課題をもつ家族の表情、子どもの変化などの気づきの事例や、保育士による子どもへの対応、さらには家族への援助・支援によって、子どもの育ちが支援された事例素材などを教材として事例研究を取り入れることが有効である。

続いて、援助過程を学ぶ段階へと展開する。ここではソーシャルワークの援助技術を用いた展開過程を取り入れた学習を行っている場合が多く、現在では、「保育相談支援」として保育に特化した相談支援を学ぶことによって、保育士がより身近に相談支援を学べるようになっている。必ずしも援助過程を展開できる能力が保育士に求められているわけではなく、保育をめぐる相談に関して、専門的見地から対応できることが、現在の教育課程では設定されている。

事例調査の中でも主張されていたところであるが、家族を対象とする援助・支援の実際を学ぶ演習が必要であるが、その後、改訂されて新設された「保育相談支援」では、「保護者支援」が目標として定められ、家族を対象とする援助・支援の学習が位置付けられたわけではなかった。保護者だけでなく、家族を一つの単位としてとらえていく視点が盛り込まれていないことは残念だが、保育士養成の教育課程において家族に関する最低限の「気づき」と初期対応の能力形成が焦点であることは変わりない。

実際に、現場では日々、そうした初期対応が行われているので、それを事例として積み上げるような教材を副読本仕様に作成することも有効と言える。個人情報の取り扱い上、問題が無いよう処理を行った後の事例を集めることにより、共通に学べるようになる。

この段階の学びは、教科書の使用よりも、副読本的な教材、事例研究の素材が有用である。事例研究の方法、インシデント研究の方法も十分に確立されていないのが現状であり、学生に偏った認識を促してしまうような事例紹介も散見される。そして、成功事例が多く、学生は、何が要因なのかがよくわからないまま、「こういう場合はこうすればよい」という公式のような理解をしてしまう恐れがある。したがって、完結した事例だけではなく、インシデント研究により、どうしたらよいかを話し合ってみるなどして、様々なアプローチを互いに学ぶことが望ましい。援助・支援の学習では、何か一つの正解を導き出す

ことより、いくつもの方法や可能性に言及する習慣をつけることのほうが重要なのである。

同時に、援助・支援をする側からの発言ではなく、援助・支援されたことで子育てに前向きになることができた事例や、自分で気づかないうちに援助されていたことにあとから気づいたといった事例を、視聴覚教材などで提供する方法が考えられる。その際には、「家族援助」の成果は個別的なものであり、何か標準家族に近づくことが成果や目標ではないことに配慮しておく必要がある。

保育士共通に身につける必要があるのは、子どもの言動に映し出される家族の姿を視野に入れた日々の保育であり、「あるべき家族」を想定して、その姿を目標にするのではなく

個別的な生活背景において可能な姿が何かを見つけ出していく価値意識である。

(5)「家族を援助・支援する体制を学ぶ」教材と教授法

「家族援助論」がさらに改訂されて「家庭支援論」に変更された際、科目の目標として、家庭支援の体制を理解することに重点がおかれることになった。「保護者から家族、家庭、地域を視野に入れた支援体制について理解を深める。」という目標の設定からわかるように、保育所が、社会資源の一つとして、地域の各資源ともリンクしながら、家族・家庭を支援していく体制を学ぶことに力を入れている。つまり、個別的な事例やその援助・支援に対する理解よりは、支援体制の理解によって、保育士が安心して日々の家族対応をすることができることへの理解を促している。

これは、日々の保育と直結した事例の学びとは異なり、保育所を取り巻く専門的支援の環境を理解することであるから、まず、教科書によって、正確な知識や幅広い支援環境、支援体制に対する知識の理解を進めることが中心とな

る。

　加えて、各学生の居住地の自治体にどのような支援体制があるのかを調べる課題学習、また養成課程の立地する自治体の支援体制を学ぶという授業展開などを考えることができる。身近な支援機関のリーフレットを副教材にしたり、そうした機関を見学し、そこで働く実践者の話を聞かせていただいたりすることによって、日常的には接点のない機関や社会資源についての知識を幅広く持てるようになる。

　保育士として働いた際、実際にそうした機関を活用することが頻繁にあるとは思えない面もあるが、虐待を予測させる場合など、緊急対応が求められる場合の保育所内での連絡体制やその後の関係機関への連絡体制などは、養成課程で学んでおくことにより、重大事件などを防ぐ効果が期待できる。

　また、障がいが疑われる子どもの存在に気づいた場合も、関係機関、施設の存在やその内容を知っていれば、保護者も安心して保育士の話を受け容れられる環境が整う。どのように伝えるかを考える際、受診や判定の機関がどんなところなのかを、それとなく話して安心させることができる保育士か、それとも自分は知らないがこういうところがあるから行ってみればと勧める保育士か、どちらが家族援助の目的に叶うか、自明である。

　支援体制や支援機関の学習は、どうしても図やフローチャートの説明に終始しやすく、それぞれの機能を理解できればそれで終了、ということになりやすいが、実際に現場で働くようになってから活用可能な学びとするためには、できるだけ、具体的な利用者や人間像が身近に感じられるような教授法が求められる。それは、まさしく教材を選び、教授法を工夫する教員の考え方と力量に負うところが大きい。

8. 課題と展望―まとめにかえて―

　「家族援助論」が必修化された背景には、保育士が対応する子どもと家族の

変化がある。保育所内において子どもの育ちを見通し、成長・発達を援助するという総論的な意味での保育士の専門性に加えて、子どもと家族との関わりを見守る力や、その気持ちに寄り添いながら援助的な関係を構築する力、さらには保護者に対する相談・助言を適切に行っていく判断力や実践力が求められていることが、保育所保育指針改定に際して明確に述べられ、保育士養成の教育課程にまでも影響を与えた。

　保育所は社会福祉施設である点で、家族を含め「援助」の視点を有して営みを行う場である。しかし、実際に保育士を志望する学生の多くは保育所が児童福祉法に規定されていることを知らずに養成施設に入学し、卒業後はほとんどが保育所で働くことを希望している。保育士有資格者の大半が保育所で勤務しているのも事実である。このため、一般には、保育士は子どもだけに関わる仕事であると理解され、養成施設には「子ども好き」の学生が学んでいる。

　養成施設の教員についても、専門性が社会福祉でない場合には、「援助」の視点の必要性を理解できても、「援助」が必要なのは一部の子どもや家族であって、家族援助論や社会福祉援助技術の学修の優先度は、高くないという考え方を有している場合も少なくない。教員の事例の中でも紹介したが、特に2年間課程で保育士養成をする場合には過密な時間割と実習とに追われるような学生生活を送るため、家族援助について考えてみるということよりも即戦力として役立つ保育の知識や技術を学生自身も求める傾向がある。

　そうした養成課程の環境の下で、保育士は「子どもと遊ぶ」仕事ととらえられがちで、援助や支援を行う仕事の比率が高まる現実との齟齬があるのではないか、という根本的な問題をどこかで考え直す必要性も視野に入れておきたい。

　事例調査の中で多く聞かれたのは「家族援助」ということの意味を学生に理解させることが難しいという声であった。これは、介護福祉士を取得する際に、介護技術の修得に追われて、介護保険制度において今後必要とされる家族

への支援や在宅介護への支援の視点を十分に理解できないことにも通底した課題である。

　学生にとって「家族援助」は「保育」の周縁部分の科目であると受け止められがちであり、それだけに、より適切な教材を用いて、教員が教材に息を吹き込む講義のあり方の工夫すなわち教授法の確立に向けた研究が求められている。ことに、近年のアクティブラーニング重視の風潮のもとでは、講義科目そのものの展開方法及び教材について根本的に問われている。

　何を教材とするか、ということに加え、それが教材としての役割を果たすことができるかどうかは、教員が何の目的において、その教材を用いているかを意識し、学生にそれを十分に伝えることができるかどうか、いわば教授法にかかっている。教授法は教員の人格と無縁ではなく、教員、教材、教授法、受講生の総体として授業が成り立っていると考えることができる。

　同じ図書であっても、同じ視聴覚教材であっても、教員は、それを通じて何を理解するために提供しようとしているのかを十分に学生に伝えることが重要なのである。それが不十分であると、学生は、自分の興味に沿って読み解き、自分の感性によって視聴する。それは、学生本人の学びにとって別の意味を有するのであるが、「家族援助論」の授業内容を理解し、この科目、この授業を通じて学ぶことに役立つ読み方、視聴の仕方から乖離してしまうと、十分な意味をなさない結果になってしまう。

　「2007年調査」において「講義だけでなく演習が必要」と答えた教員が多かったことからもわかるように、「家族援助論」を単なる理論や支援体制の知識の伝達にとどめるのでは不十分である。家族の直面する課題の認識能力や解決のための支援過程、介入方法などを事例研究の演習を用いることによって、必要な支援体制がいかなるものであるのか、おのずと理解できるように促していくという展開過程が大事なのではないか。

　保育士が学ぶ「家族援助論」には、「何が課題か」「どう解決が可能か」の観

点を身につけることが求められており、適切なアンテナを自らの職務を通じて自らに備えさせていくことにより、保育士としての力量を高めることが可能となる。今後は、そうした力量を分析して保育士のステップアップ研修に応用していくことや、キャリアパスの構築を行うことを目指すことも求められよう。

　そのような展望にとっても、家族援助、家庭支援に関する教材の開発、教授法の確立の研究はますます重要となる。その成果が養成課程に還元されることによって、保育現場の援助・支援の能力が高まり、やがて多様な家族が生きやすい社会づくりへと展開されていく可能性が期待される。

【引用・参考文献】

（1）『保育所保育指針解説書』厚生労働省雇用均等・児童家庭局保育課、平成20年4月、2頁

（2）　第46回全国保育士養成協議会研究大会、研究発表部門D〔授業研究〕

（3）　長島和代、阿部和子、米山岳広、大久保秀子「保育士養成における『家族援助論』研究　―家族援助論に関する教材研究―」、小田原女子短期大学研究紀要第38号、52～61頁（2008年3月）

（4）『保育所保育指針解説書』厚生労働省雇用均等・児童家庭局保育課、平成20年4月、1～2頁

第4章　保育所における
家族支援の実態に関する研究

1. 研究の目的と方法

　2002（平成14）年4月からの新しい保育士養成教育課程の実施にともない「家族援助論」は新設された科目である。この科目は、新カリキュラムのなかで、「保育支援論」「相談援助論」とともに、保育士養成課程に、新たなる学習領域の学習の必要性を示唆することになった。

　子育てを行う家族の問題に関する対策は、子どもの養育する家族のさまざまな養育機能が損なわれることにより、保護者や家族員が子どもを傷つけたり苦しめたりしていることへの対応方法やシステム作りが中心となりつつある。これらの状況を概観すると、「家庭・地域における児童養育機能の縮小化」に集約されている印象を受ける。これらの事態は、身近な社会福祉資源である保育所・園（以下、執筆の都合上、保育園に統一）やその他の児童施設における保育士の担う役割が拡大してきていることを意味している。

　このような子育てをめぐる社会の多様なニーズに対応するために、家族援助論を担当する教員は、「社会の変化と共にある家族の姿を的確に捉えて、保育士として家族の何をどのように支援するか」を研究することが要求されている。また、家族支援を実践できる保育士の養成、特に「保育相談支援」や「相談援助」を遂行できる保育士を、具体的にどのような形式で養成するか、あるいは技術や知識のアップを如何なるシステムのなかで図るのか、なども緊急の

課題として浮上してきている。

　保育士養成における家族支援論に要求されることは大きく分けて 2 つある。一つは子どもの 24 時間を視野に入れた保育・養育内容、方法、さらに地域の在宅で子育てしている家庭を視野に入れた保育・養育内容、方法であり、それらを盛り込んだ保育の場における家族支援論を構築することである。もう一つは、保育士養成のなかで、家族支援の在り方をどのように伝えるかいう教授法の問題でもある。

　本研究では、少子化の進行や家庭における児童虐待の増加や事態の悪化やDV 家庭の増加、あるいは貧困家庭の増加が懸念されるなかで、家族支援の必要性が高まりを見せ、保育現場で家族支援を実施することが必要不可欠となってきていることを背景として、これらの状況を受けて、保育園での家族支援活動は誰が担当としており、どのような他社会資源と連携し、保護者からの相談の内容はどのような内容であるのかを明らかにすることを目的とした調査研究を行っている。加えて、家族支援の現状を知るために、それぞれの保育園の家族支援の現状や課題に関する質問項目を示し、保育士の意見を浮き彫りにすることを試みている。また、保育園で就労している保育士が抱える現状や課題を把握することや保育士養成教育において必要とされる家族支援や保育実習とは何かについて解明するための統計調査の分析を行っている。

2. 調査対象と方法

　この研究では、保育園で勤務する保育士に「相談・助言」や「地域での連携」「研修」「情報の提供」「養成校への期待」などに注目したアンケート調査を実施した。そのなかで、調査票は公立保育園に関して、東京都の 23 区のうちに 1 区役所及び千葉県の 2 市役所に協力を依頼し、配布・回収は郵送にて行った。また、私立保育園は、東京都民間保育園協会を通じて、1 区 1 市の地

域にある保育園に対して事前に調査への協力を依頼した上で、調査票の送付及び回収を郵送にて実施した。総送付数は 206 通であり、回収数は 131 通、回収率は 53.6％あった。

3. 調査票の特徴

　調査票は 15 項目に分かれ、必要に応じて、サブ・クエッション（以下、SQと略す）を付け加える形式を採用した。また、調査票は 1 から 5 までがフェイスシート、6～15 が相談・助言に関する項目が提示されている。そのなかで、選択方法は 1 つ選択、2 つ選択、すべて選択の 3 つの選択方法が活用されている。さらに、最後の 15 項目では、家族支援全体に関する意見を自由に記述できる形式を採用した。なお、使用した調査票全体の文末添付は文字数の制限を理由に割合した。

4. 単純集計の結果と考察

（1）属性

　この研究のための調査票の回答者の職位は、「所長・園長」（以下、執筆の都合上、園長と略す）が 48.9％、「主任」は 29.0％、「副所長・副園長」（以下、執筆の都合上、副園長と略す）は 14.5％となっており、全体の 92.7％を占めている。それ故、主な回答者は管理する立場にある保育士である（質問 1）。

第 4 章　保育所における家族支援の実態に関する研究

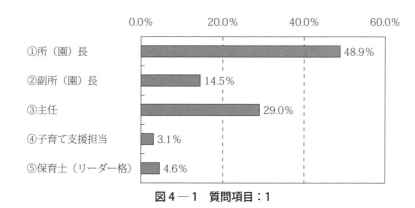

図 4 — 1　質問項目：1

　回答者の「年齢」は 50 歳代が 58.5％、40 歳代は 27.2％である。そのために、「50 歳代」、「40 歳代」は合わせて回答者全体の 85.7％を占めている（質問 2）。

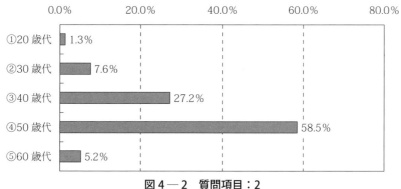

図 4 — 2　質問項目：2

　回答者の「性別」は「女性」が 93.8％、「男性」が 6.2％となっている（質問 3）。したがって、回答者の大半は女性である。

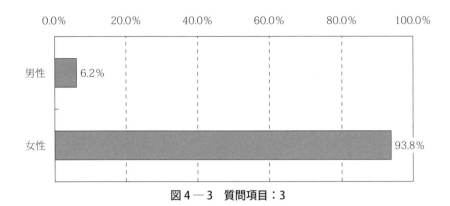

図4―3　質問項目：3

　「保育士資格の取得方法」は「短期大学」が 48.5％、「専門学校」が 27.5％であり、この 2 つの種類の保育士養成機関で資格を取得した人が全体の 76％を占め、「4 年制大学」において資格を取得した保育士（2.3％）を大きく凌ぐ結果となっている。また、14.5％の人が「そのほか」を選択している。「そのほか」と回答した人たちが、どのような経緯で資格を取得したのかは特定できないが、各都道府県等で実施されている保育士試験を受験して取得したのではないかと推測される（質問 4）。

　「園児の定員数」は「120〜149 名以下」が 36.8％、「90〜119 名以下」は 26.7％、「60〜89 名以下」は 19.8％となっており、全体の 83.3％を占めている。「150 名以上」の園は 9.8％、「59 名以下」が 6.9％である理由から、今回の調査研究の対象園は中規模園が主である（質問 5SQ1_1）。

　「常勤保育士の数」は、数値が高い順から、「16〜20 名」が 40 園と多く、続いて「11〜15 名」は 36 園、「21〜25 名」は 27 園、「6〜10 名」は 11 園、「26〜30」名が 6 園、「36〜40 名」は 5 園、「31〜35 名」が 2 園、「41〜45 名」は 1 園、「非回答」は 3 園となっている（質問 5SQ1_2）。

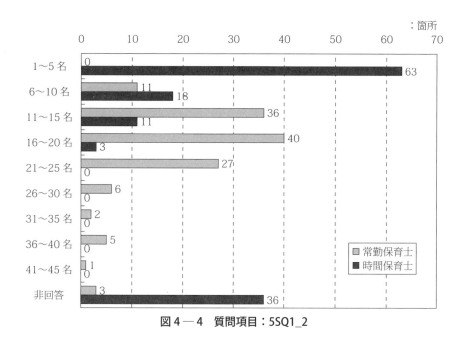

図4―4　質問項目：5SQ1_2

　「時間保育士の配置数」は、数値の高い順から、「1～5名」は63園、「6名～10名」は18園、「11～15名」は11園、「16名～20名」は3園、「非回答」が理由は不明であるが、36園と高い数値となっている。（質問5SQ1_2）。

　「保育時間」は13時間が6.1％、「12時間」は52.8％、「11時間30分」が2.2％、「11時間」の園は38.9％と、全体の93.9％の園が12時間以内の保育実践を行っている（質問5SQ2）。

　園の所在地は「住宅地域」が81％、「商業地域」は13.7％で、全体の94.7％を占め、保育園の大半が住宅地や商業地域に開設されている（質問5SQ3）。

(2) 家族支援の実際

　家族支援の実施状況に関する質問の複数回答は、数値の高い順から、「保育

に関する相談・助言」は90.1％、「育児に関する講演・講座、実技指導」は74.0％、「園庭開放」は66.4％、「卒園児との交流」は44.3％、「一時保育」は16.8％、「サークル育成・支援」は16.0％、「小学校低学年児童の保育受け入れ」は13.7％となっている。「そのほか」の実施状況として、「ボランティアの受け入れ」、「出前保育」などが挙げられている。今回の調査研究では、「保育に関する相談・助言」（90.1％）及び「育児に関する講演・講座、実技指導」（74.0％）の利用が際立っている。しかし、これらの保育事業は、それぞれ数値の差こそあれ、家族を支援する意味で重要な役割を果たしていると考えられる。そのために、地域住民への周知と事業の充実は不可欠である（質問6）。

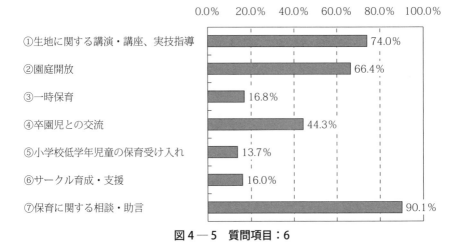

図4－5　質問項目：6

　保育園における「相談・助言の方法」に関する質問の複数回答は、数値の高い順から、「日々の保育の場（送迎時や園庭・保育室、以下省略）で対応している」が92.8％、「園内に特定の場所（相談室や応接室、以下省略）を用意し対応している」は23.7％、「地域活動（園外、以下省略）としてのサークル活

動の場で対応している」は 22.9％、「家庭訪問を行っている」は 3.8％である。「そのほか」の方法としては、「電話による育児相談」、「地域交流」などが活用されている。これらの数値から推察すると、「日々の保育の場で対応している」（92.8％）に関する相談・助言の数値が極めて高く、送迎時や園庭などで家族や保護者と係わる僅かな時間が相談・助言の場となっていることが窺える（質問7）。

　相談・助言の担当者に関する質問の複数回答は、数値の高い順から、「園長」が 93.9％、「担任保育士」は 82.4％、「主任保育士」は 63.4％、「看護（保健）師」は 62.6％、「副園長」は 39.7％、「栄養士」は 36.6％、「職員以外の専門家（臨床心理士・医師等・以下省略）」は 17.6％となっている。「そのほか」の相談・助言の担当者としては「助産師」が挙げられている。これらの数値からは、それぞれの家族の相談内容に応じて、幅広い知識や体験を持つ担当者が各々の専門性を活かして対応していることが読み取れる（質問7SQ1）。

　来訪者に関する質問の複数回答は、数値の高い順から、「在園児の保護者」が 95.4％、「地域の人たち」は 65.6％、「以前在園していた児童の保護者」は 26.0％、「一時保育などを利用している保護者」は 13.0％である。これらの数値からは、在園児の保護者や保育事業の利用経験者、地域住民などが主に相談・助言の対象者になっていることが理解できる（質問7SQ2）。

　相談内容に関する質問の複数回答は、数値の高い順から、「発育・発達」が 84.7％、「育児方法（しつけや教育・以下省略）」は 84.0％、「基本的生活習慣」は 79.4％、「医学的問題」は 20.6％、「家庭や地域の環境」は 19.8％となっている。「そのほか」の相談内容としては、「夫婦関係」、「食事」、「環境」などが挙げられている。これらの数値からは、「発育・発達」や「育児」、「基本的生活習慣」に関する数値が極めて高く、保護者のこれらの領域に関する悩みや不安が大きいことが窺える（質問7SQ3）。

　相談・助言のために連携する専門機関に関する質問の複数回答は、数値の高

い順から、「児童家庭支援センター」が38.2％、「児童相談所」は34.7％、「児童福祉施設（養護等）」は31.3％、「保健所・市町村保健センター」は30.5％、「嘱託医（医院）・病院」は23.7％、「福祉事務所・家庭児童相談室」は22.1％、「民生・児童委員」は13.7％、「地方自治体（児童福祉行政機関）」は9.9％となっている。「そのほか」の連携機関としては、「発達・療育センター」や「臨床心理士」などが記述されている。これらの数値からは、保育園は満遍なく地域の児童家庭支援センターや児童相談所などの社会資源と連携を取り合っているが、比較的数値が低いことから推察すると、その活用頻度や関係の程度は浅い状況にあると考えられる（質問7SQ4）。

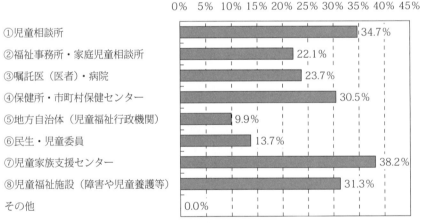

図4－6　質問項目：7SQ4

「相談・助言の記録の取り方や管理」に関する質問の回答（1つ選択）は、数値の高い順から、「園独自の記録用紙を作り、ケースごとにファイルし、専用場所に保管している」が64.1％、「担当者が各自専用のノートの記録し保管している」は25.9％であった。「そのほか」の記録の取り方や管理の方法としては、「地域指定用紙を使う」、「児童票と共に管理する」、「パソコンを活用し

て管理する」などの回答が寄せられている。この質問の「非回答」は10.0％であった。これらの数値からは、90％の保育園が何らかの形で相談・助言の事例についての記録を残している実態が把握できる。但し、パソコンを活用したデータのデジタル処理化はさほど進んでいないと思われる（質問7SQ5）。

　家族支援を充実するための活動に関する質問の複数回答は、数値の高い順から、「研究会に参加している」が76.3％、「ケース会議を開き事例の検討を実施している」は49.6％、「園内で職員が研究会や勉強会を開催している」は32.8％、外部から専門家を招いて「研修や助言を受けている」が16.8％となっている。この数値からは、多忙な日常活動のなかで研究会の参加やケース会議、学習会などを開催していることが推察できる。しかし、「外部から専門家を招いて、研修や助言を受けている」（16.8％）ことに関する低い数値からは、なかなか外部の専門家を招聘し、指導やアドバイスを受ける機会に恵まれない事態が保育士サイドにあり、資質や技術の向上を図りにくい背景があることが読み取れる。（質問7SQ6）。

　「1年間に30分以上相談・助言に費やしたケースの数」は、「0〜5ケース」の園は81.8％、「6〜10ケース」は10.0％、「11〜15ケース」は3.0％、「16〜20ケース」の園は2.2％、「20〜25ケース」の園は0.0％、「26〜30ケース」の園は3.0％、「30以上のケース」の園は0.7％となっている。この数値からは、1年間に保育園が30分以上の相談・助言を実施したケース数を尋ねる質問に対して、5ケース以内と回答したのは81.8％の園であり、10ケース以内と回答したのは10.0％の園である結果から考えると、大半のケースが短時間で相談・助言を終えている可能性が高いという推測が成り立つ。つまり、送迎時や園庭で保護者と出会う僅かな時間が、保育士が行う相談・支援の勝負の時間帯ではないかと考えることができる。

　参考までに調査票に記述された30分以上の相談・助言の時間を必要とした事例の概要を示しておきたい。

ケースは①子ども関係（発達・障害関係、養育、しつけ、健康、就学不安など）、②親関係（子育て不安、夫婦・家族関係、シングルマザーの異性関係、経済生活、虐待など）、③苦情（遊び、保育士の行動・言葉使いなど）の3つに分類される。また、相談・助言の内容としては、発達・障害相談が最も多く、223ケース中65ケースで全体の29％を占めている（質問8）。

(3) 広報及び相談・相談・支援実習の可能性

「保育体験に関する受け入れ」に関する質問の回答（1つ選択）は、「できる限り受け入れている」が66.4％、「個人は受け入れないが、学校・社会福祉協議会などの団体は受け入れる」は17.6％、「受け入れていない」は14.5％、「非回答」は1.5％となっている。これらの数値からは、合計84％の園が現実に何らかの形での保育体験を実施している状況が把握できる（質問9）。

「地域への子育てに関する情報提供」に関する質問の回答は、数値の高い順から、「情報誌を作成し情報を提供している」が35.8％、「掲示板を作成し情報を提供している」は31.2％、「ホームページを作成し情報提供をしている」は25.1％、「何もしていない」は0.0％となっている。これらの数値からは、各項目の数値が比較的低く推移しており、情報提供に関する工夫が一層求められている状況が感じられる（質問10）。

「保育実習中に学生の家族支援体験ができるか、否か」に関する質問の複数回答は、「可能であると思う」が65.9％、「今後の検討課題である」は56.9％、「困難であると思う」は33.3％、「非回答」は1.5％となっている。これらの数値からは、保育実習中の家族支援体験は「可能である」と思いつつも、実践する前に解決しなければならない課題や問題が内在していることが読み取れる。この回答を補足する意見としては、「子育て支援の内容による」、「個人情報の関係で難しい」などが挙げられている（質問11）。

「保育実習中において家族支援体験をするとしたら、どのようなことができ

るか」を尋ねる質問の複数回答は、数値の高い順から、「園が行っている家族支援の取り組み（子育て広場など、以下省略）での実習日を設ける」が65.6％、「園長や主任など家族支援の担当者が園での家族支援の実際を講義する」は19.6％、「在園している子どもの家族の状況を教える」は14.5％、「園内での会議やケース会議に同席する」が11.4％となっている。「そのほか」では、「具体的な取り組みを伝える体験が可能である」という指摘がある。これらの数値からは、保育園外の人間が、園児や家族に関する情報に触れる機会が一層得られにくい状況に向かいつつあることが解かった。この事態は、個人情報保護法（2005・平成17年）が成立して以降、急激に強まり、家族の問題や個人のプライバーに係わる実習指導を行う園は激減する傾向にある（質問13）。

　保育実習で家族支援の視点を持って保育に携わることができるにはどのようなこと（能力）を保育士養成校で身につける必要があるのか」を尋ねる質問（2つ選択）の回答は、数値が高い順から、「子ども達ではなく家庭全体を理解する視点」が73.9％、「わかりやすく伝えるためのコミュニケーション能力」は44.1％、「家族との面接等における受容的な態度や問題解決を図る技法」は37.8％、「問題を早期に発見する気づきの視点」は36.0％、「家族支援に関する社会資源（保健所や児童相談所等の知識」が8.1％となっている。「そのほか」の意見としては、専門技術、知識、社会常識などの能力の必要性が述べられている。これらの数値からは、「家族支援に関する社会資源の知識」（8.1％）に関する数値が極めて低く物足りない気はするが、それ以外の技術や知識については回答者が各能力の必要性を実習指導のなかで実感していることが読み取れる。それ故、それぞれの技術や知識に関する認識自体は好ましいものである。しかし、これらの能力や知識を身につけるには、十分な時間と相当な臨床経験を必要としており、早急に解決・緩和できる問題ではないと考えられる。なぜなら、短期大学や専門学校、4年制大学を経て取得する保育士資格取得の

ための現在のカリキュラムや実習時間（90時間×2回）では、保育現場が望む多様な能力を身につけることは困難であると推測されるからである（質問14）。

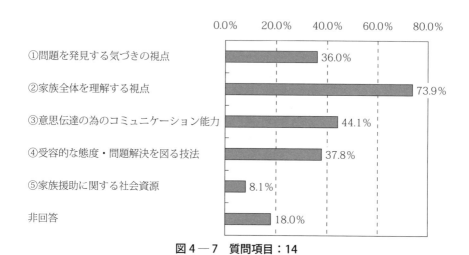

図4－7　質問項目：14

(4) 自由記述

「保育士が現代の保護者や家族について感じている自由意見」としては、次のような意見が提示されている（質問15）。

①子育て不安や神経質な保護者が増えている。

②一人親が増えている。

③経済生活が不安定であったり、困窮したりしている家族が多くなっている。

④心の病を持つ保護者が目立つ。

⑤保護者と保育園・保育士との関係が希薄になってきている。

⑥保護者が子どもに関する情報を保育園・保育士へ正確に伝達できない。

⑦保育士と保護者の年齢の差が大きくなり、関係づくりや意思の疎通が難し

い。

⑧子どもの気持ちを保護者が理解できていない。

⑨子どもの発達や成長に関心を示さない保護者がいる。

⑩保護者が子どもと正面から向き合っていない。

⑪保育士、保護者、子どもの3者とも精一杯で余裕が無い。

⑫人間関係が限定されており、子育ての知識を学ぶ環境が文献、インターネットに限定されている。

⑬保護者の子どもに対する集中投資や過度の期待が見られる。

5. 数量化理論 I 類—各種保育事業が常勤および非常勤職員数に与える影響

　ここでは、各種保育事業が常勤保育士の人数及び時間保育士に与える影響を数量化理論 I 類の手法を用いて分析した。その結果は、「59名以下」を0（基準値）とした場合の影響値では、特に顕著な影響は見られなかった。あえて言うならば、「89名以下」、「59名以下」の園では、時間保育士への影響が比較的少ないように思える。また、「150名以上」の園では、常勤保育士への影響が多いのが当然のように思えるが、非常勤保育士数が「120〜149名」以下の園と比較して、「150名以下」の園の方が、おおよそ2倍の影響を受ける結果となっている。

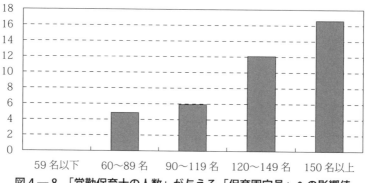

図4—8 「常勤保育士の人数」が与える「保育園定員」への影響値

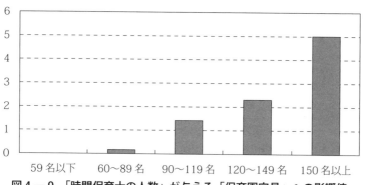

図4—9 「時間保育士の人数」が与える「保育園定員」への影響値

　同様に、数量化理論Ⅰ類の手法を用いて、常勤保育士及び時間保育士の人数が実施保育事業に与える影響について考察する。産休明け保育を0（基準値）とした場合の影響値は、保育園が行っている事業のなかで、常勤保育士の人数の最も影響を受けているのは一時保育である。また、乳児保育・延長保育がほぼ同じ影響を受け、障害児保育、産休明け保育は比較的影響が少なかった。さらに、保育園が行っている事業のなかで、最も時間保育士の人数の影響を受けていたのが、障害児保育である。続いて、一時保育や乳児保育、延長保育となっており、産休明け保育は事業のなかでは比較的影響は少ないということが分

かった。この分析の結果からは、現在の保育園の活動では、何らかの障害を持つ子どもの対応に汲々としている実態が窺える。

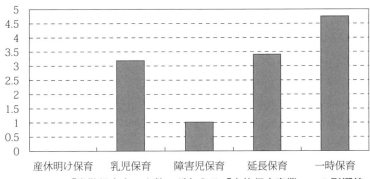

図4－10 「常勤保育士の人数」が与える「実施保育事業」への影響値

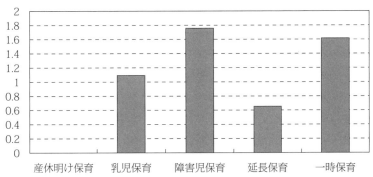

図4－11 「時間保育士の人数」が与える「実施保育事業」への影響値

6．相関分析の結果と考察

この分析では相互の関連が予想される項目毎の相関関係の有無を吟味する。また、分析毎の簡単な考察を付け加える。

この調査研究の分析のために Excel 2003 の分析ツールを活用し、分析結果

の相関関係を示す基準値の目安は以下の通りである。

＜相関分析数値の読み取り方＞

＜プラスの相関＞	＊数値が 1 に近づくほど正の相関が強い	
1～0.7	かなり強い相関がある	0.69～0.4 やや相関がある
0.39～0.2	弱い相関がある	0.19～0 ほとんど相関がない
	＜0　全く相関がない＞	
＜マイナスの相関＞	＊数値が－1 に近づくほど負の相関が強い	
－0～－0.19	ほとんど相関がない	－0.2～－0.39 弱い相関がある
－0.4～－0.69	やや相関がある	－0.7～－1 かなり強い相関がある

（1）相関分析および考察（四捨五入・プラスの相関「比例の関係」を中心に
　　分析を行い、必要なところのみマイナスの相関「反比例の関係」につい
　　ても触れる）

（1）保育事業と家族支援との相関分析の結果と考察（5SQ2 × 6）

5. SQ2　実施している保育事業にどのようなものがありますか。該当するも
　　のすべてに○をつけてください。（複数回答）
　　①産休明け事業　②乳幼児保育　③障害児保育　④延長保育　⑤一時保育
　　⑥その他

6. あなたの保育園では次のような家族支援（子育て支援）をしていますか。
　　実施しているものすべてに○をつけてください。（複数回答）
　　①育児に関する講演・講座、実技指導　②園庭開放　③一時保育
　　④卒園児との交流　⑤小学校低学年児童の保育受け入れ
　　⑥サークル育成・支援　⑦保育に関する相談・助言
　　⑧その他（ボランティアの受け入れ、出前保育等）

第 4 章　保育所における家族支援の実態に関する研究　　*95*

<分析結果>

	5SQ2_1	5SQ2_2	5SQ2_3	5SQ2_4	5SQ2_5
6_1	0.31	0.15	0.13	−0.06	0.08
6_2	0.00	−0.02	−0.04	0.27	0.15
6_3	0.22	0.07	−0.04	0.15	1.00
6_4	0.43	0.19	0.11	0.32	0.18
6_5	0.19	0.04	0.07	0.24	0.06
6_6	0.33	0.00	−0.12	0.05	0.03
6_7	0.14	0.08	0.05	−0.19	0.01

1) 被説明変数を「5SQ2_1 産休明け事業」とした場合、説明変数「6_4 卒業児との交流（0.43）」との間にやや正の相関がある。また、被説明変数「5SQ2_1 産休明け事業」と説明変数「6_1 育児に関する講演・講座・実技指導（0.31）」、「6_3 一時保育（0.22）」、「6_6 サークル育成・支援（0.33）」との間に弱い正の相関がある。

2) 被説明変数を「5SQ2_4 延長保育」とした場合、説明変数「6_2 園庭開放（0.27）」、「6_4 卒園児との交流（0.32）」、「6_5 小学校低学年児童の保育受け入れ（0.24）」との間に弱い正の相関がある。

　これらの数値からは、各保育事業を活用した経験のある保護者は一つ二つの保育事業、ここで言えば、被説明変数「5SQ2_1 産休明け事業」を活用したことをきっかけとして、他の保育事業、具体的には説明変数「6_4 卒園児との交流（0.32）」へと利用する範囲が広まる可能性を読み取ることができる。また、被説明変数「5SQ2_1 産休明け事業」と説明変数「6_1 育児に関する講演・講座・実技指導（0.31）」、「6_6 サークル育成・支援（0.33）」との間に弱い正の相関があり、保育関連の地域貢献や地域活動にまで拡充される可能性があることも窺える。さらに、被説明変数「5SQ2_4 延長保育」と説明変数「6_4 卒園児との交流（0.32）」、「6_5 小学校低学年児童の保育受け入れ

（0.24）」との間に弱い正の相関が見られ、保育事業の利用が、卒園後においても継続される可能性があることを示唆している。

　これらの理由から、保育園の保育事業の利用経験は、通園中は当然のこと、卒園後も学童保育サービスなどを含めた多様な事業の利用につながりやすい可能性を秘めていると推測される。

（2）相談・助言の担当者と相談内容との相関分析の結果と考察（7SQ1 × 7SQ3）

7．SQ1　相談・助言をしている担当者はどなたかを教えてください。該当している方すべてに○をつけてください。（複数回答）

　①園長　②副園長　③主任保育士　④担任保育士　⑤看護（保健）師

　⑥栄養士　⑦保育園の職員以外の専門家（臨床心理士・医師等）

　⑧そのほか（助産師）

7．SQ3　相談内容はどのようなものでしょうか。該当するものすべてに○をつけてください。（複数回答）

　①基本的生活習慣について　②発育・発達について　③医学的問題について

　④家庭や地域の環境について　⑤育児方法（しつけや教育）について

　⑥そのほか（夫婦関係、食事、環境など）

第 4 章　保育所における家族支援の実態に関する研究　　*97*

＜分析結果＞

	7SQ1_1	7SQ1_2	7SQ1_3	7SQ1_4	7SQ1_5	7SQ1_6	7SQ1_7
7SQ3_1	−0.13	0.08	0.06	0.20	0.02	0.08	0.06
7SQ3_2	−0.10	0.11	0.13	0.40	0.38	0.26	0.33
7SQ3_3	0.06	0.09	0.32	0.40	0.48	0.39	0.46
7SQ3_4	0.05	0.19	0.32	0.42	0.39	0.44	0.57
7SQ3_5	0.00	0.14	0.40	0.58	0.46	0.56	0.63

1）被説明変数の「7SQ1_3 主任保育士」と説明変数「7SQ3_5 育児方法について（0.40）」との間にやや正の相関がある。また、説明変数「7SQ3_3 医学的問題について（0.32）」、「7SQ3_4 家庭や地域の環境について（0.32）」の間に弱い正の相関がある。

2）被説明変数の「7SQ1_4 担任保育士」と説明変数「7SQ3_2 発育・発達について（0.40）」、「7SQ3_3 医学的問題について（0.40）」、「7SQ3_4 家庭や地域の環境について（0.42）」、「7SQ3_5 育児方法について（0.58）」との間にやや正の相関がある。また、説明変数「7SQ3_1 基本的生活習慣について（0.20）」との間に弱い正の相関がある。

3）被説明変数「7SQ1_5 看護（保健）師」と説明変数「7SQ3_3 医学的問題について（0.48）」、「7SQ3_5 育児方法について（0.46）」との間にやや正の相関がある。また、説明変数「7SQ3_2 発育・発達について（0.38）」、「7SQ3_4 家庭や地域の環境について（0.39）」との間に弱い正の相関がある。

4）被説明変数「7SQ1_6 栄養士」と説明変数「7SQ3_4 家庭や地域の環境について（0.44）」、「7SQ3_5 育児方法について（0.56）」との間にやや正の相関がある。また、説明変数「7SQ3_2 発育・発達について（0.26）」、「7SQ3_3 医学的問題について（0.39）」との間に弱い正の相関がある。

5）被説明変数「7SQ1_7 保育園の職員以外の専門家」と説明変数「7SQ3_3

医学的問題について（0.46）」、「7SQ3_4 家庭や地域の環境（0.57）」、「7SQ3_5 育児方法について（0.63）」との間にやや正の相関がある。また、説明変数「7SQ3_2 発育・発達について（0.33）」との間に弱い正の相関がある。

　これらの結果からは、相談・助言はそれぞれのテーマに応じた専門性を持つ担当者との間で行われている傾向があるが、一方で隣接分野や専門領域とは言い切れない分野に関する相談・助言を求められる可能性があることを示唆していることが感じられる。これらの事態は、被説明変数「7SQ1_4 担任保育士」と説明変数「7SQ3_3 医学的問題について（0.40）」、「7SQ3_4 家庭や地域の環境について（0.42）」との間、被説明変数「7SQ1_6 栄養士」と説明変数「7SQ3_4 家庭や地域の環境について（0.44）」、「7SQ3_5 育児方法について（0.56）」との間、被説明変数「7SQ1_7 保育園の職員以外の専門家」と説明変数「7SQ3_4 家庭や地域の環境について（0.57）」との間にやや正の相関関係にある数値からも窺える。

　また、「7SQ1_1 園長」や「7SQ1_2 副園長」を被説明変数とした場合に、「7SQ3_2 発育・発達について」や「7SQ3_5 育児方法について（0.63）」などの各種相談内容との間には、正の相関関係は成立しないか、極めて弱い負の相関係数を示している。これらの数値は不可思議な結果である。なぜなら、単純集計では園長や副園長が相談支援を担当しているか、否かの質問では、園長は93.9％の回答者が「担当している」と答えている。また、副園長は39.7％の回答者が「担当している」と記述している。しかし、前述したように園長や副園長と相談内容との間の正の相関はこの研究では明らかにできていない。

（3）専門機関と相談内容との相関分析の結果と考察（7SQ4 × 7SQ3）

7. SQ4　相談・助言したケースで連携した専門機関があったら教えてください（複数回答）

①児童相談所　②福祉事務所・家庭児童相談室　③嘱託医（医院）・病院

④保健所・市町村保健センター　⑤地方自治体（児童福祉行政機関）

⑥民生・児童委員　⑦児童家庭支援センター　⑧児童福祉施設（養護等）

⑨そのほか（発達・療育センター臨床心理士など）

7. SQ3　相談内容はどのようなものでしょうか。該当するものすべてに○を
つけてください。（複数回答）

①基本的生活習慣について　②発育・発達について　③医学的問題について

④家庭や地域の環境について　⑤育児方法（しつけや教育）について

⑥その他（夫婦関係、食事、環境など）

＜分析結果＞

	7SQ4_1	7SQ4_2	7SQ4_3	7SQ4_4	7SQ4_5	7SQ4_6	7SQ4_7	7SQ4_8
7SQ3_1	0.08	0.00	0.19	0.01	−0.08	0.04	0.05	0.02
7SQ3_2	0.06	0.07	0.14	0.14	0.14	0.05	0.03	0.10
7SQ3_3	0.11	0.09	0.20	0.07	0.15	0.18	0.10	0.06
7SQ3_4	0.09	0.06	0.04	0.17	0.09	0.02	0.12	−0.01
7SQ3_5	0.17	0.03	0.10	0.20	0.08	−0.01	0.17	0.03

1）相談・助言したケースで連携した専門機関の中の被説明変数「7SQ4_3 嘱
託医（医院）・病院」と相談内容の説明変数「7SQ3_3 医学問題について
（0.20）」との間に弱い正の相関がある。

2）相談・助言したケースで連携した専門機関の中の被説明変数「7SQ4_4 保
健所・市町村保健センター」と説明変数「7SQ3_5 育児方法について
（0.20）」との間に弱い正の相関がある。

　この数値からは、相談・助言担当者の専門領域外（医学・心理学等）、ある
いは相談担当者では対応できない特定の相談内容（障害を持つ乳幼児や難病に
冒された乳幼児の育児方法等）に関してのみ、外部の専門機関との連携が行わ

れている可能性があるのではないかと予測される。

（4）家族支援体験と保育事業との相関分析の結果と考察（12 × 5SQ2）

12. 保育実習の中で家族支援について体験することは可能であると思いますか。（複数回答）

　①可能であると思う　②今後の検討課題である

　③困難であると思う（理由を教えてください）　④その他

5. SQ2　実施している保育事業にどのようなものがありますか。該当するものすべてに○をつけてください。（複数回答）

　①産休明け事業　②乳児保育　③障害児保育　④延長保育　⑤一時保育

　⑥その他

＜分析結果＞

	12_1	12_2	12_3
5SQ2_1	0.10	−0.11	−0.05
5SQ2_2	0.20	−0.18	0.02
5SQ2_3	0.07	0.01	−0.02
5SQ2_4	0.08	−0.07	−0.07
5SQ2_5	0.02	−0.04	0.02

1）家族支援体験の実現性の可否に関する回答の「12_1 可能であると思う」を被説明変数とした場合、説明変数「5SQ2_2 乳児保育（0.20）」との間に弱い正の相関がある。

　この結果からは、実習中の家族支援体験として「12_1 可能であると思う」と「5SQ2_2 乳児保育（0.20）」の間に弱い正の相関が見られるが、「5SQ2_1 産休明け事業（0.10）」や「5SQ2_3 障害児保育（0.07）」、「5SQ2_4 延長保育（0.08）」、「5SQ2_5 一時保育（0.02）」との間の正の相関はほとんど見られな

い。

　これらの結果が生じた背景について考察してみると、「5SQ2_2乳児保育（0.20）」との間のみ相関関係が見られるのは、おそらく専門知識や技術、経験の不足の問題が背景にあったり、既定の保育実習時間（90時間×2）では消化しきれなかったりするという意識が回答者側に働いているのではないかと思われる。

（5）家族支援体験の可否と体験の種類との相関分析の結果と考察（12×13）

12. 保育実習の中で家族支援について体験することは可能であると思いますか。（複数回答）

　①可能であると思う　②今後の検討課題である

　③困難であると思う（理由を教えてください）④その他

13. 保育実習中に家族支援を体験するとしたら、あなたの保育園ではどのようなことができますか。（複数回答）

　①在園している子どもの家族の状況を教える

　②園長や主任など家族支援の担当者が園での家族支援の実際を講義する

　③園が行っている家族支援の取り組み（子育て広場など）での実習日を設ける

　④園内での会議やケース会議に同席する

　⑤そのほか（具体的な取り組みを伝える）

＜分析結果＞

	12_1	12_2	12_3
13_1	−0.09	0.00	0.15
13_2	0.21	−0.01	−0.11
13_3	0.30	−0.15	−0.18
13_4	−0.15	0.07	−0.05

1）家族支援体験の実現性の可否回答の被説明変数を「12_1 可能であると思う」とした場合、保育実習中に体験可能と思われる家族支援のうち、説明変数「13_2 園長や主任など家族支援の担当者が園での家族支援の実際を講義する（0.21）」、「13_3 園が行っている家族支援の取り組みでの実習日を設ける（0.30）」との間に弱い正の相関がある。

この結果からは、保育実習中に家族支援の体験することが被説明変数の「12_1 可能であると思う」と、前述の２つの説明変数「13_2 園長や主任など家族支援の担当者が園での家族支援の実際を講義する（0.21）」、「13_3 園が行っている家族支援の取り組みでの実習日を設ける（0.30）」との間に弱い正の相関があり、数値は比較的高くないものの、「園長や主任など家族支援の担当者が園での家族支援の実際を講義する」ことや、「園が行っている家族支援の取り組みでの実習日を設ける」などの家族体験に限っては「実践できる可能性がある」と考えていることが読み取れる。また、「13_2 在園している子どもの家族の状況を教える」や「13_4 園内での会議やケース会議に同席する」などの他の項目を説明変数とした場合、相関はほとんど見られないということから、これらの保育実習は困難であると考えるのが相当である。

（6）家族支援体験と保育士養成校での学習内容との相関分析の結果と考察（12 × 14）

12. 保育実習の中で家族支援について体験することは可能であると思います

第 4 章　保育所における家族支援の実態に関する研究　　*103*

　　か。(複数回答)

　　①可能であると思う　②今後の検討課題である

　　③困難であると思う(理由を教えてください)　④その他

14. 保育士が家庭支援の視点を持って保育に携わることができるようになる
　　ために、保育士養成校ではそのようなことを身につける必要があるとお
　　考えですか。最も必要と思う項目から順に2つを選んで下さい。

　　①問題を早期に発見する気づきの視点

　　②子どもだけではなく家庭全体を理解する視点

　　③わかりやすく伝えるためのコミュニケーション能力

　　④家族との面接等における受容的な態度や問題解決を図る技法

　　⑤家族支援に関する社会資源(保健所や児童相談所等)の知識

<分析結果>

	12_1	12_2	12_3
14_1	0.13	−0.05	−0.04
14_2	0.10	−0.08	0.03
14_3	−0.10	0.20	−0.10
14_4	−0.13	0.00	0.00
14_5	0.02	−0.15	0.22

1) 家族支援体験の実現性の可否回答の「12_3困難である」を被説明変数と
　した場合、保育実習中に体験可能と回答された家族支援のうち、説明変数
　「14_5家族支援に関する社会資源の知識(0.22)」との間に弱い正の相関
　がある。

2) 家族支援体験の実現性の可否回答の「12_2今後の検討課題である」を被
　説明変数とした場合、保育実習中に体験可能と回答された家族支援のう
　ち、説明変数「14_3わかりやすく伝えるためのコミュニケーション能力

（0.20）」との間に弱い正の相関がある。

　この結果からは、家族支援体験の可否の「12_3困難である」を被説明変数とした場合、説明変数「14_5家族支援に関する社会資源の知識（0.22）」との間に弱い正の相関がある。この相関分析の結果からは、「家族支援に関する社会資源の知識」の必要性を理由に、やや数値は低いが、家族支援の実習は「困難である」と回答している傾向が見られる。したがって、一部の回答者に過ぎないが、家族支援体験を行う能力として、「家族支援に関する社会資源の知識」の必要性を認めていることが窺える。

　また、被説明変数の「12_2検討課題である」と説明変数の「14_3園が行っている家族支援の取り組みでの実習日を設ける（0.20）」との間に弱い正の相関が見られるのは、「実習中の家族支援の取り組みは可能かも知れないが、個人情報保護の視点や技術・知識の不足の問題などについて勘案すると、結論をすぐには出しにくい」と言う意思表示を含む数値ではないかと推察される。

（7）専門機関との連携と家族支援との相関分析の結果と考察（7SQ4 × 7SQ6）

7. SQ4　家族支援（相談・助言）したケースで連携した専門機関があったら教えてください（複数回答）

①児童相談所　②福祉事務所・家庭児童相談室　③嘱託医（医院）・病院
④保健所・市町村保健センター　⑤地方自治体（児童福祉行政機関）
⑥民生・児童委員　⑦児童家庭支援センター
⑧児童福祉施設（養護等）
⑨そのほか（発達・療育センター・臨床心理士など）

7. SQ6　家族支援（相談・助言）を充実するために実施していることはどんなことでしょうか。実施しているすべてに○をつけてください。（複数回答）

①研究会に参加している

②外部から専門家を招いて、研修や助言を受けている

③園内で職員が研究会や勉強会を開催している

④ケース会議を開き事例の検討を実施している

⑤そのほか

表4－1　専門機関との連携

提携箇所数	0	1	2	3	4	5	6	7	8
割合	22.31%	24.62%	18.46%	13.08%	12.31%	6.15%	1.54%	0.00%	2.31%
実施施設数	29	32	24	17	16	8	2	0	3

＜分析結果＞

	7SQ4_1	7SQ4_2	7SQ4_3	7SQ4_4	7SQ4_5	7SQ4_6	7SQ4_7	7SQ4_8
7SQ6_1	0.10	0.04	0.10	0.14	0.06	−0.04	0.14	0.14
7SQ6_2	0.29	0.15	0.13	0.37	0.26	0.06	0.24	0.27
7SQ6_3	0.06	0.10	−0.01	−0.15	0.09	0.24	−0.05	0.19
7SQ6_4	0.05	0.17	0.27	0.14	0.03	0.22	0.01	0.09

1）相談・助言したケースで連携した専門機関のうち、被説明変数を
　「7SQ4_1 児童相談所」とした場合、説明変数「7SQ6_2 外部から専門家を
　招いて、研修や助言を受ける（0.29）」との間に弱い正の相関がある。

2）相談・助言したケースで連携した専門機関のうち、被説明変数を
　「7SQ4_3 嘱託医（医院）・病院」とした場合、説明変数「7SQ6_4 ケース会
　議を開き事例の検討を実施している（0.27）」との間に弱い正の相関があ
　る。

3）相談・助言したケースで連携した専門機関のうち、被説明変数を
　「7SQ4_4 保健所・市町村保健センター」とした場合、説明変数「7SQ6_2

外部から専門家を招いて、研修や助言を受ける（0.37）」との間に弱い正の相関がある。

4) 相談・助言したケースで連携した専門機関のうち、被説明変数を「7SQ4_5 地方自治体」とした場合、説明変数「7SQ6_2 外部から専門家を招いて、研修や助言を受ける（0.26）」との間に弱い正の相関がある。

5) 相談・助言したケースで連携した専門機関のうち、被説明変数を「7SQ4_6 民生・児童委員」とした場合、説明変数「7SQ6_3 園内で職員が研究会や勉強会を開催している（0.24）」と「7SQ6_4 ケース会議を開き事例の検討を実施する（0.22）」との間に弱い正の相関がある。

6) 相談・助言したケースで連携した専門機関のうち、被説明変数を「7SQ4_7 児童家庭支援センター」とした場合、説明変数「7SQ6_2 外部から専門家を招いて、研修や助言を受ける（0.24）」との間に弱い正の相関がある。

7) 相談・助言したケースで連携した専門機関のうち、被説明変数を「7SQ4_8 児童福祉施設」とした場合、説明変数「7SQ6_2 外部から専門家を招いて、研修や助言を受ける（0.27）」との間に弱い正の相関がある。

　この分析結果からは、研修や助言、ケース会議、園内での研究会、勉強会などのために、保育園が「7SQ4_1 児童相談所」や「7SQ4_3 嘱託医（医院）・病院」、「7SQ4_4 保健所・市町村保健センター」、「7SQ4_5 地方自治体」、「7SQ4_6 民生・児童委員」、「7SQ4_7 児童家庭支援センター」、「7SQ4_8 児童福祉施設」などの専門機関と、さほど強いつながりではないが、係りを持っていることが読み取れる。

7. 単純集計及び相関分析の総括

（1）家族支援の現状

　この調査研究の単純集計や相関分析において浮上した保育園における家族支援の状況や課題について、以下では記述する。

　家族支援の中心は基本的には園長である。しかし、日常の子育てに関する具体的な相談・助言に関して、家族や保護者が面談するのは、主に主任保育士や担当保育士、看護師、栄養士である。したがって、相談・助言内容は、それぞれの担当者の専門領域となっている。

　家族支援における相談・助言の内容は、発達・障害関係、養育、しつけ、健康、就学不安などの子どもの問題や子育て不安、夫婦・家族関係、シングルマザーの異性関係、経済生活、虐待などの親の問題、遊びや保育士の行動・言葉使い、苦情など多岐にわたる。

　家族支援のなかで、相談・助言を行う場所は、日々の保育の場が主であり、その大半が手短な時間で実施されることが多い。そのなかで 30 分以上の時間を必要とする相談・助言を行うのは、多くの保育園が年間 5 事例以内である。

　保育園は、相談・助言のために児童相談所や児童福祉施設、保健所・市町村保健センター、福祉事務所などとの専門機関と行う連携は、さほど重要視していないか、あるいは強い連携を求めるほどの混沌とした状況に置かれていない可能性がある。その一方で、今回調査対象となった保育園は専門機関と必要（障害児や難病児などのケースに関するアドバイス）に応じて協調したり、研修や学習会、ケース会議などのなかで指導を仰いだりする必要最低限の関係は築いている可能性がある。

（2）保育実習中の家族支援体験

　保育体験のために保育園での受け入れが可能か、否か、については約 85％

の回答者の受け入れが「12_1 可能であると思う」と判断している。また、保育実習中における家族支援体験は可能か、否か、という質問では、56.9％の回答者が「可能であると思う」を選択している。さらに、「12_2 今後の検討課題である」と判断した回答者は33.3％である。

　しかし、保育実習中に保育事業に関われる可能性を探る質問の相関分析においては、被説明変数の「12_1 可能であると思う」と説明変数「5SQ2_2 乳児保育（0.20）」のみに弱い相関があり、他の説明変数「5SQ2_1 産休明け事業（0.10）」や「5SQ2_3 障害児保育（0.07）」、「5SQ2_4 延長保育（0.08）」、「5SQ2_5 一時保育（0.02）」との間の正の相関はほとんど見られない。

　したがって、単純集計では、保育園が行っている家族支援の取り組みでの実習日を設けるのは65.6％と高い数値で「可能である」という結果が示された（7_2 広報及び相談・支援の可能性）が、被説明変数「9_4 家族支援体験」と「各種保育事業」との相関分析では、保育事業の一つである「5SQ2_2 乳児保育（0.20）」との間のみが正の相関であるという結果になっている状況から推測すると、保育実習の家族支援体験は極めて限定されたものになる可能性が高いと思われる。

（3）保育実習中に家族支援を体験するために求められる能力や知識

　家族支援に関する家族支援体験を行う際に、身につける必要のある能力に関する質問に関しては、単純集計では、「家族全体を理解する視点」（62.5％）や「家族との面接における受容的な技法」（37.4％）、「問題を早期に発見する気づきの視点」（30.5％）などと続いている。これらの数値から読み取れるのは、それぞれの能力に関する集計の数値に差異は認められるものの、ほぼ有意性を示す値を示していることである。

　しかし、実習中の家族支援体験に必要な能力を尋ねる相関分析に目を向けてみると、被説明変数の「12_1 可能であると思う」と説明変数「14_5 家族支

援に関する社会資源の知識（0.22）」との間に弱い相関があり、数値は低いが
「必要である」という意志を示す値となっている。また、被説明変数「12_2
今後の検討課題である」と説明変数「14_3 わかりやすく伝えるコミュニケー
ション能力（0.20）」との間に弱い相関が見られる。

　これらの分析からの結果からは、家族支援を行う際には実習生が保護者との
間の係わりができ、多様な専門的知識を背景としたコミュニケーション能力を
身につけているのか、否か、についての判断を保育士自体が判断しかねる状況
にあると推察される。

8. 家族支援に関する課題

1) 調査項目のなかで、情報の提供に関する質問の単純集計の結果では、情報
　誌が 35.8％、掲示板は 31.2％、インターネットのホームページは 25.1％
　となっている。しかし、他の社会福祉施設と比較してみると、それぞれの
　集計はやや数値が低いのではないかという印象がある。そのために、一層
　の情報提供や広報活動は重要な課題である。

2) 家族支援の担当者のなかで、被説明変数を「7SQ1_1 園長」、及び
　「7SQ1_2 副園長」にした場合、各相談内容を説明変数にすると、正の相関
　及び負の相関がわずかに読み取れる。しかし、これらの相関分析では具体
　的な相談内容が妥当性を示す高い数値として現れて来ない。したがって、
　この研究においては、園長及び副園長が担当する相談内容は不明確であ
　り、組織上、頂点に位置する保育士が如何なる相談内容とかかわりを持っ
　ているのか、あるいは、今後、どのような相談内容と向き合う必要がある
　のかについては十分に検討のする余地がある。

3) 保育実習中に家族支援体験をするとしたら、どのようなことができるのか
　（質問 13）というに質問に関して、単純集計では、「園長や主任など家族

支援の担当者が園での家族支援の実際を講義する」は 19.6％となっている。また、「12_1 家族支援体験」の可否と「13_2 保育事業」との相関分析の結果のなかでもやや弱い相関係数（0.21）を示している。この数値自体は、値が低いとはいえ好ましい数値であり、保育園の熱意を評価したい。しかし、今回の研究では、園長や副園長、主任、相談・助言担当者などの家族支援に関する知識や技術力を計る質問が組み込まれていなかった。この状況の把握はやや困難な作業であるが、今後の課題となる。

4）保育実習中の家族支援体験は「困難であると思う」と答えた保育士が 33.3％（複数回答）である。この数値からは、数値の見方によっては保育実習中の家族支援体験は可能と推察することもできる。ところが、前述した「家族支援体験の可否と体験の種類との相関分析の結果」からは、実習中での体験の支障となる課題（学生のコミュニケーション能力、社会資源に関する知識など）や問題（個人情報の保護）があることが窺えるデータが示されている。また、実習中に家族支援体験を行う際の支障となりかねない理由として、「子育て支援の内容による」、「個人情報の関係で難しい」などの補足意見が挙げられている。したがって、今後、保育実習中の家族支援体験の可能性を模索するならば、前述した意見を踏まえた形で、さらに実践する際の重要なポイントになると予測可能な職員の人員配置や人材の確保、保育士の就労状況などの障壁となりかねない問題を加えた形での追跡調査が必要であると思われる。

　まとめ

　単純集計の自由記述で読み取れるように、家族は社会状況の不安定さや経済の状況悪化などの理由から、一層複雑、且つ混沌とした状況に置かれている。また、保護者と子どもの関係や保護者と保育園側の関係も希薄になりつつあ

第 4 章　保育所における家族支援の実態に関する研究

る。そのなかで、保育士は日々の活動の多忙さのなかで、現実に戸惑いながら
も子どもや家族と向き合い、できる限りの相談・助言を実施している。さら
に、家族の多様なニーズに対応するために、一層の保育知識や家族支援に関す
る技術を獲得する必要に迫られ、決して恵まれているとはいえない職場環境や
研修体制のなかで、悩み、試行錯誤し、工夫するなかで子どもや保護者の抱え
る問題や課題と向き合い、子どもや家族を支援しようと努めている。これらを
背景として、保育士養成校においては学生が多様な家族の実態を見る視点や知
識、技術を体得できる教育の実践などが期待されている。これらの理由から、
保育実習においては、保育相談支援や相談支援に関する取り組みの導入や臨床
経験を積むことが求められ、今後の課題として模索することが期待されてい
る。

【参考文献】

(1)　阿部和子・米山岳広・長島和代「家族援助論に関する研究Ⅰ」『聖徳大学児童
　　　学研究所紀要』8 号、2006、79〜91 頁

(2)　長島和代・阿部和子・米山岳広・大久保秀子「保育士養成における家族援助
　　　論の研究Ⅲ」『小田原女子短期大学研究紀要』38 号、2008、51〜62 頁

(3)　金戸清高・梅崎孝行・廣田佳彦・井崎美代・城　弘子・尾田明子・杉信子
　　　「子育てにおける家族援助についての考察」『九州ルーテル学院大学紀要』32
　　　号、2005、93〜104 頁

(4)　徳広圭子「指定保育士養成校における家族援助論の教授法」『岐阜聖徳学園大
　　　学短期大学部紀要』38 号、2006、1〜12 頁

(5)　松本潤「子育て相談という家族援助方法に関する考察（1）」（『第一保育短期
　　　大学研究紀要』19 号、2007、1〜12 頁

(6)　平安女子学院大学短期大学部保育科保育研究会「保育における子育て支援の
　　　課題」『保育研究』36 号、2008、15〜22 頁

第5章　乳児院における家族援助の実際

1. 乳児院について

（1）乳児院の目的

　乳児院は、児童福祉法第37条「乳児（保健上、安定した生活環境の確保その他の理由により特に必要のある場合には、幼児を含む。）を入院させて、これを養育し、あわせて退院した者について相談その他の援助を行うことを目的とする」児童福祉施設のひとつである。そのため、乳児院の設置基準・職員・養育の内容・乳児の観察・自立支援計画の策定・保護者等との連絡について児童福祉施設最低基準を遵守し運営されている（児童福祉施設最低基準第3章第19条～第25条）。

（2）乳児院の規模

　図5－1に、全国の乳児院の施設規模について示した（米山他：2011）。これによれば、最も多い定員は20～30人未満であり、全体の約3割を占め、次いで30～40人が多く、全体の約4分の3が定員40人未満である。このように、乳児院は他の児童福祉施設の定員に比べ、施設規模は小さい傾向がある。それは、乳児院が乳児のための施設であり、ホスピタリズムを予防し、少しでも一般の家庭に近い環境で養育することを考えれば当然のことであろう。

第 5 章　乳児院における家族援助の実際

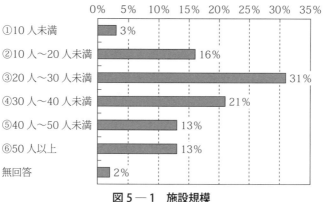

図 5 — 1　施設規模

(3) 乳児院の職員体制

図 5 — 2 には常勤の看護師数、図 5 — 3 には常勤の保育士数、図 5 — 4 には看護師・保育士以外の職種について示した（米山他：2013）。図 5 — 2、3 によれば、常勤看護師数は乳児院の 7 割で 5〜10 人未満、一方常勤保育士数

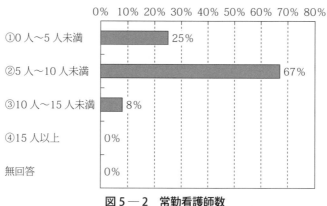

図 5 — 2　常勤看護師数

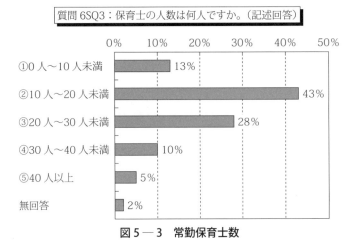

図5−3　常勤保育士数

は10〜20人未満が約5割を占め、次いで20〜30人未満が約2割であった。以上のように、常勤保育士数が看護師数よりかなり多いのは、児童福祉施設最低基準の中で「看護師は保育士または児童指導員をもって代えることができる」とされていることが影響している。

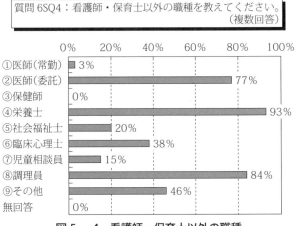

図5−4　看護師・保育士以外の職種

その他の職種としては、図5―4のように栄養士、医師、調理員、さらには臨床心理士や社会福祉士など相談援助の専門家も含まれ、乳児院は多様な専門職によるチームケアで養育が行われていることが理解できる。

(4) 乳児院の養育形態

乳児院の養育形態は、図5―5のように乳児の担当者を固定する養育担当制をとっているところが約3分の2と圧倒的に多い。後述するように、乳児期の発達課題である特定の大人との愛着関係（アタッチメント）を形成するためにも、養育担当制は有効と考えられる。通常の養育においては、図5―6に示されたように、職員間の連携、子どもの成長発達の理解、子どもと家庭とのつながり、日々の養育内容などが配慮されている。このように、乳児期の発達を支えるために、乳児院では職員間の情報の共有や家庭復帰を視野に入れたきめ細やかな養育が実践されている。

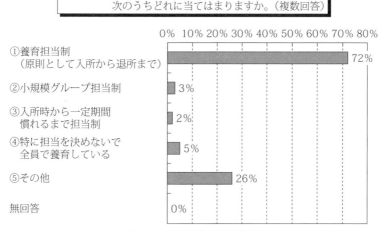

図5―5　通常の養育携帯

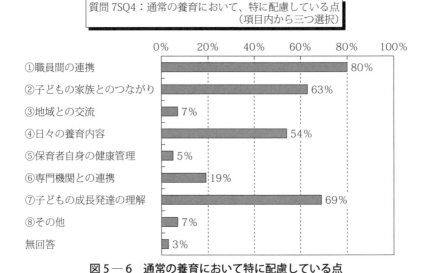

図5―6　通常の養育において特に配慮している点

2. 乳児院の子育て支援事業について

　乳児院の地域における子育て支援事業としては、図5―7に示されたように、「ボランティアの受け入れ」や「子どものショートステイ」が約7、8割と多く、次いで「電話相談」、「育児体験事業」、「デイサービス」が実施されている。さらに、「里親研修」、「マッチングのための里親宿泊」、「児童家庭支援センター事業」、「親子クラブ」、「園庭開放」、「病児保育」、「新生児を持つ親のための育児サークル」、「ファミリーソーシャルワーク（FSW）」、「障害児向け一時保育」などの様々な事業が行われている。また、乳児院の約半数は、ホームページや情報誌、掲示板を通し外部に向けて情報発信を行い、広く地域の子育てを支えている。

第 5 章　乳児院における家族援助の実際

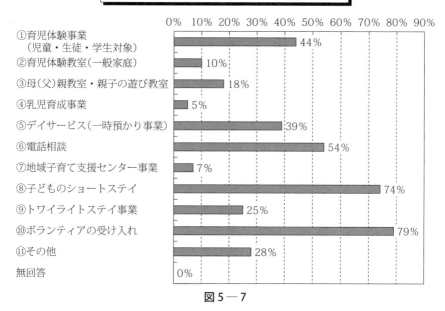

図 5 — 7

（1）乳児院における相談

1）相談・助言の方法

　図5—8のように、乳児院の約8割が乳児院内に相談室や応接室などの相談のために特定の場所を用意しており、約5割が家庭訪問も行っていた。約4割が事業活動の場で対応し、約3割が専用の電話や電話室を用意していた。その他、少数であるが、定期面談や退所後のケアの際に相談・助言が行われていた。退所後困ったときに、母子をよく知っている乳児院で相談を・助言を受けられることは、養育者にとって大変心強いことであろう。これらの相談の記録については、ケース毎にファイルして保管されていることが多い。

2）相談・助言の担当者

　相談・助言を担当しているのは、図5—9に示されたように乳児院の約7

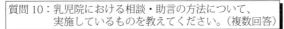

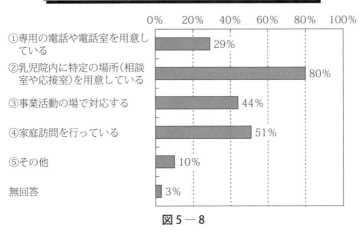

図5－8

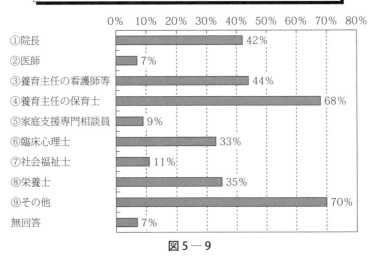

図5－9

割で養育主任の保育士であった。次いで、養育主任の看護師等や院長、栄養士、臨床心理士であった。その他割合は少ないが、家庭支援専門相談員も含ま

れていた。以上から、乳児院における相談・助言は、利用者である乳児に最も近い立場にある保育士や院長、養育に直接関わる専門性の高い看護師、臨床心理士などの職員によって行われていることがわかる。利用者である乳児をよく知っている保育士であるからこそ、養育者に具体的で適切な相談・助言を行うことができると考えられるが、相談に関する基礎的な知識や相談技術もまた重要であり、今後の課題と考えられる。

3）相談の来談者

　図5―10からわかるように、乳児院に相談に訪れるのは「在院中の子どもの保護者」が最も多く、次いで「退所した子どもの保護者」であり、約4割が「地域の一般家庭の保護者」、約3割が「一時保育などを利用している保護者」との回答を得た。その他、里親や里親希望者、施設利用希望者が相談に訪れることもあるとのことであった。以上のように、多くの場合、現在乳児院を利用しているか、過去に利用している経験者が相談に来談している傾向がある。

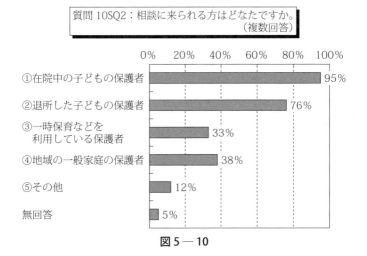

図5―10

4) 相談の内容

相談の内容については図5－11に示されたように、発育・発達や基本的生活習慣、育児法（しつけや教育）、医学的な問題が多く、家庭や地域の環境や虐待についての相談は少ないようである。

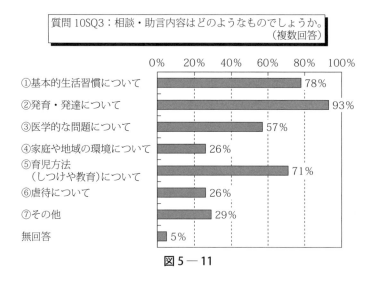

図5－11

5) 他の専門機関との連携

乳児院が連携している専門機関は多岐にわたっているが、当然のことながら、児童相談所が9割以上で最も多く、次いで病院、保健所・市町村保健センター、福祉事務所・家庭児童相談室、幼稚園などが挙げられた。乳児（0歳から2歳）を対象としているため、医療機関との連携も不可欠である。一方で児童家庭支援センター、民生委員、児童委員との連携は、少ない現状がある。

以上のような相談・助言に関する力量を高めるために、担当者は研修に参加したり、事例検討会を開いたり、必要に応じて専門家からのスーパービジョン

（助言）を受けたりすることが大切である。

（2）乳児院における講座・講演会の開催

　乳児院の中には、入所児の保護者や地域の子育て中の保護者、ボランティアや子育て支援者、保育所職員や児童相談所、施設職員など幅広い対象に向けて、子育て支援のための講座や講演会を開いているところがある。講座・講演会の内容は、「子育ての方法」「子どもの食事」「子どもの健康」「子どもの発達」などの育児に関係するものが多い傾向があり、その他「虐待」「発達障害」「里親講座」などが開かれている。

（3）子育て支援の視点

　乳児院の職員は子育て支援について以下のような視点をもつことが望まれる。
1）子どもだけではなく家族全体を理解する視点
2）問題を早期に発見できる気づきの視点
3）分かりやすく伝えるためのコミュニケーション能力
4）子育て支援に関する社会資源に関する知識
5）家族との面談等における受容的な態度や問題解決を図る技法
　次に、乳児院における子育て支援を考えるために、子どもの心の発達に応じた養育者の関わり方について概説する。

3．子どもの心の発達と養育者の関わり方

　文部科学省による「心の健康調査と生活習慣に関する調査」の報告書（2002年）では、心の健康を知るために「自己効力感（自己への信頼感）」、「不安傾向（焦燥、無気力、自己嫌悪など）、「行動（喧嘩、破壊、欠席など）」、

「身体的訴え（精神的ストレスからの頭痛、腹痛、倦怠感など）」の４つの指標を設け、生活習慣（食事習慣、休眠・睡眠習慣、運動習慣、家族の役割）との関係について、小学生から高校生まで 10,000 人を対象に調査している。その結果、中・高校生では明らかに心の健康と生活習慣との関連性が認められたという。例えば、「朝食や夕食を一人で食べた」、「家族との会話がなかった」と回答した子どもの方が心の健康度が低く、イライラ感が高い傾向を示したという。関係が不明瞭であった小学生は両者の関連性が形成される時期として考察されている。以上のように、心の健康度を高めるために、家庭の有り様は密接な関係があると考えられる。特に、心の形成にとって幼い頃の人的環境や直接的な体験は多大な影響を与える。従って、乳児期から多くの時間を共にし、子どもの愛着の対象となる養育者の関わり方は子どもの心の発達にとって非常に重要である。養育者の子どもへの関わり方は社会的、時代的、あるいは養育者自身の育てられ方の影響を受けている。ここでは、養育者と子どもとの関係を、愛着関係、児童観、子どもの反応の３点からまとめる。

（1）愛着関係の成立

　子どもと深く関わるためには、子どもと養育者との間に愛着関係を形成することが前提となる。また、関わりを深めることによって愛着関係をさらに強固なものにする。子どもの愛らしさは、自然と養育者を惹きつけ、愛情あふれる笑顔、やさしい言葉かけ、親切で暖かな関わり（養育行動）を誘発させる。養育者は子どもが満足できるように、多少の犠牲を払っても要求に応えようとする。子どもが幼ければ幼いほど、その傾向は強く、子どもは養育者に愛着をもち、深い信頼を寄せるようになる。しかし、一部には子どもとの愛着関係を築けない養育者がいることも事実であり、そのような場合には結果的に子どもは、養育者のやさしさや真心、愛情や愛撫といった関わりが不足してしまう。

（2） 子どものとらえ方（児童観）

　大人の子どものとらえ方（児童観）を大別すると、「子どもは大人の雛型で、あらゆる面において大人より未熟で劣る」という考え方と「子どもは大人とは異なる能力やすばらしさをもっている」という考え方がある。これらの児童観の違いの根底にあるものは、子どもに対する信頼感の持ち方である。前者の児童観による関わり方では、未熟な子どもに任せることはできないため、養育者が正しいことを完璧に教えることが重要視される。後者の児童観では絶対的に子どもを信頼し、関わり方としては子どもの主体性を尊重し、子ども本来の力を最大限に引き出そうとするものである。実際には、養育者は状況によって両者を使い分けていると思われる。養育者によっては、自分の児童観の傾向を自覚化することや子どもを信頼する気持ちを基本にできるよう周囲からの支援が必要である。

（3） 子どもの反応や状態

　子どもとの関わりは養育者からの一方的なものではなく、相互交渉であり、子ども側の要因を無視することはできない。「愛着関係の成立」のところで、子どもの愛らしさが養育者の関わりを誘発することを述べたが、子どもが養育者との関わりを求めなかったり、関わってもほとんど笑わなかったり、激しく泣いたり、怒ったりして養育者を困惑させるような反応が続くと、関わりの悪循環が生じて結果的に愛着関係の成立は難しくなる。また、養育者が子どもの状態を適切に見極められずに関わってしまうと、子どもの意向に反した結果となり、養育者の期待した反応が得られないことになる。このような失敗が繰り返し生じている場合、事後の関わり方や子どもの状態を適切に把握する力を高められるよう養育者を支援することは大切である。

（4）子どもの自立を促す養育者の関わり

ここでは、乳児期から思春期までそれぞれの発達段階に応じた、自立を促す養育者の長期的な関わり方について考える。エリクソンは、心の発達にとって自我と社会とのかかわりを重視した。誕生から死に至るライフサイクルを視野に入れ、人生の8つの節目に心理社会的危機があり、プラスとマイナスの心的な力が拮抗するとした。そして、この人生の節目毎にこれらの心理社会的危機を「対」の概念で示した。エリクソンは生涯発達論の立場に立ち、人は人生の心理社会的危機を乗り越えながら、成人として自立し、次の世代を育て、次世代のために自らの人生の集大成を行ってその一生を終えるとしている。このエリクソンの発達理論を基軸に乳児期から思春期までの大人の接し方について具体的に述べることにする。子どもの心がどのように発達していくのかそのメカニズムを知り、発達に応じた具体的な関わり方を知ることは子どもの心の発達を促進する上で重要である。

1）乳児期の接し方

乳児期をここでは、2足歩行や「ワンワン」など片言がしゃべれるようになる1歳半頃までとする。他の動物に比べて生理的早産の状態で生まれてくる人間の赤ちゃんは、自分では移動できず、養育者の助けがなければ生命を維持することさえできない。しかし、このような新生時期から1年半までの乳児期の発達は、人間の生涯の中で最も劇的な変化を遂げる。このことは、人間の子どもは遺伝子にあらかじめ組みこまれた本能の枠に規定されない柔軟性をもち、多様な能力を獲得することができ、周囲の影響を強く受ける存在であることを示している。乳児期のエリクソンによる対概念は「信頼」対「不信」である。乳児がすこやかに成長していくためには、子どもが絶対的な信頼を寄せることのできる愛情あふれる大人の関わりが不可欠である。

乳児期の接し方のポイントは、①子どもと愛情をもって関わること、②子どもの健康な生活を尊重すること、③子どもの要求に丁寧に応じること、であ

る。

　①子どもと愛情をもって関わること

　子どもに対する愛情はすべての発達段階に言えることであるが、乳児期には愛情の形を乳児にわかる方法で示すことが必要である。これは決して難しいことではない。通常、養育者は乳児にゆっくりと高めの声でやさしく話しかけ、頬ずりしたり、抱っこしたり、自然にスキンシップをともなって接する。これらは、乳児に快感や愛されている安心感を与え、養育者に対する信頼感を育むことになる。しかし、養育者の接し方が気ままで、やさしさと冷たさが混在していたり、泣きやまないことに対して、怒鳴ったり、叩いたり、無視してしまうことは子どもの心を傷つけ、養育者に対する不信感をもたせ、感情表現を奪い、自己否定感を育てることを心しなければならない。乳児に対する愛情を込めた接し方が恒常的に安定して確保されることが大切であり、そのためには養育者の心も安定しており、精神的余裕が必要である。養育者が子育てに疲れていたり、家庭生活に余裕がなかったり、子どもにどうしても愛情が感じられなかったりする場合等には、何らかの支援が受けられるよう配慮することが重要であろう。

　②子どもの健康な生活を尊重すること

　乳児期は、人間の人生の中で最も劇的な変化を遂げる時期である。反射レベルの運動が随意運動になり、未歩行から2足歩行になり、物を握ったり、指さししたりすることが可能になる。コミュニケーションも「ママ」、「パパ」など意味のある単語を使うようになる。刻一刻、様々な刺激を吸収して成長している。しかし、生理的早産の状態で生まれてくる人間の赤ちゃんは、養育者に頼らなければ生きていくことができず、人間として成長できない。新生児期では食事も排尿も睡眠も大人の生活リズムとは大きく異なり、養育者が子どもの生理的欲求に応じることによって無理なく徐々に大人の生活リズムに移行していくことができる。乳児の生活リズムを尊重して、養育者の生活の改善も必要

となる。例えば、養育者のテレビやスマートフォンの時間に乳児がつき合わされていることが問題にされている。最近では、スマートフォンを乳児に持たせて、子育てを代替させている場面も見られる。家庭では幼い子どものために、このような時間を家族団欒などにあてたり、子どもの起床時間、就寝時間を優先させて生活時間を調整したりすることが望まれる。

　また、乳児の暮らす生活環境の中に怒号や暴力が絶えず存在しているならば、乳児の心は不安定になる。乳児が生理的な欲求を充分に満たされ、精神的にも安定できるような生活環境を整えることは、心の発達にとって基本的な条件である。児童虐待の中には、肉体的な暴力だけでなく、ネグレクト（養育拒否）も含まれている。ネグレクトは保護者が虐待と認識していないこともある。また、最近では養育者自身の生活習慣が乱れ、健康な生活を営めない状態で、子育てをしていることもある。養育者も含めてヘルスプロモーション註1）の考え方に基づく健康教育が必要な時代と思われる。

　③子どもの要求に丁寧に応じること

　空腹になって泣いていると、養育者がすぐにミルクを与えてくれること、おむつが汚れて泣いていると新しいおむつに交換してくれること、眠いときにはやさしくあやしながら揺すって寝かしつけてくれるなどの愛情あふれる日常の養育行動の繰り返しが、自分の要求に必ず応えてくれる養育者の存在を気づかせ、養育者に対する絶対的な信頼感を育むことになる。エリクソンは乳児期にこの絶対的な信頼感を築くことが非常に重要だと考えた。子どもが信頼感をもつためには、養育者に愛されていることへの絶対的な確信がなければならない。この養育者に対する信頼感は、養育者から愛されている自己や自分をとりまく世界に対する肯定感を持たせることになる。もし、乳児がいくら泣いても自分の要求が受け入れられなかったり、いつも長時間待たされたり、怒鳴られたりしたら、子どもの心は傷つき、養育者を信頼できなくなる。さらには、自分に対しても人間社会に対しても信頼できなくなり、自己防衛的、猜疑的、自

己否定的にならざるをえない。

　一方、乳児に対する過剰な養育行動も気をつけなければならない。乳児期は、言語によるコミュニケーションが未発達であり、要求を適切に判断することが難しい。そのため、養育者が先回りをして乳児が要求を発する前に状況を整えたり、先回りしてやってしまったりすることがある。乳児の心の声に耳を傾けること、少し乳児の様子を見て待ち、子どもの自主性の芽生えを育むことは大切である。

2）幼児前期の接し方

　幼児前期をここでは1歳半〜3歳頃までとする。基本的生活習慣を身につけ、自我が芽生えて第一反抗期を迎える時期で、エリクソンは幼児前期の対概念を「自律性」対「恥、疑惑」としている。この時期の子どもは素直に養育者の指示に従い、養育者の価値観を内在化していくが、自我が芽生えてくると、自分の要求を通そうとして養育者の価値とぶつかるようになる。子どもは意思する存在となったのである。養育者には断固たる態度と寛容さのバランス感覚が求められる。幼い子どもにとって養育者からのあまりに強い叱責や罰は、時として無気力や自信喪失、あるいは逆に暴力やパニックを招き、自律性の育成にはならないからである。この時期の接し方のポイントは、①子どものやる気を大切にすること、②子どもの安全、安定の欲求に応えること、③物事のルールはわかりやすく、一貫性をもたせること、である。

　①子どものやる気を大切にすること

　この時期の子どもは何でも自分でやりたがる。衣服の着替えや料理、食器洗い、掃除等々いろいろなものに興味を示す。このやる気を大切にして、危険のないことであればやらせてみることが大切である。うまくできなくても、子どもの気持ちを認め、叱らない。この年齢の子どもに完璧さを求めても無理である。場合によっては、失敗を少なくするための準備をしたり、片づけを一緒にしたりしながら、どうやったら失敗しなかったか助言したりする。幼児は、失

敗しながらも、自分で達成できた喜びを味わいながら基本的生活習慣を身につけ、自律性、独立性を育てていくことができる。もちろん事情によっては、理由を説明して養育者がやる場合や一部を子どもにやってもらう場合があってよい。要は、子どものやる気を頭ごなしに押さえつけないことである。

②子どもの安全、安定の欲求に応えること

自分で自由に移動できるようになった子どもは、知らない場所や知らない人、知らない物に興味を抱き、徐々に行動範囲を広げていく。しかし、そうすることができるためには、不安な時には必ず養育者など身近な大人が子どもの安全や安定の欲求を受け入れてくれるという確信が必要である。この確信がもてない子どもは、不安感が強く養育者から離れることが困難である。マズローの「欲求の階層説」によれば、「安全、安定の欲求」が満たされて初めて次の「社会的欲求」の段階に移行できるという。母子分離不安が強く、子ども集団に入れない子どもたちの中には、「安全、安定の欲求」に問題を抱えていることがある。養育者は表面的ではなく、しっかりと子どもの心に向き合い、受けとめなければならない。

③物事のルールを子どもにわかりやすく、一貫性をもって伝えること

子どもが養育者の価値観を内在化するため、養育者が物事のルール、規範を伝える大切な時期である。わかりやすく教えるには、子どもが正しいことをしたときには褒め、悪いことをしたときには叱るという単純なルールを徹底し、はっきりとした言動で心をこめて伝える。褒める方法は、金銭や物品より心を込めた言葉や行為などが望ましい。養育者が躾と思ってやっている方法が子どもの心に深い傷を残すことがあるので注意しなければならない。例えば、暴力的な言葉や体罰、食事を与えないなどは虐待であり、避けなければならない。養育者の想像以上に子どもの感受性は強く、特に突然の強いショックは子どもの心にひどいダメージを与えてしまうからである。規範をわかりやすくするもうひとつの方法は、対応に一貫性をもたせることである。同じことをしたのに

ある時には褒められたり、何も言われなかったり、叱られたりすると、幼い子どもの心は混乱する。規範がきちんと身に付かないばかりでなく、養育者に対して不信感や疑惑を抱いてしまう。

3）幼児後期の接し方

　幼児後期を4歳から就学前までとする。この時期の子どもは身の回りのことがほぼできるようになり、日常会話も流暢になり、知的好奇心が高まり、多くの質問をする時期である。仲間を求め、子ども集団で遊ぶことや自主的な行動ができるようになる。エリクソンの幼児後期の対概念は、「自主性」対「罪悪感」である。この時期の子どもは自主的にいろいろなことをやりたがるが、そのことを養育者から強く抑制されてしまうと、自分の行為に対して罪悪感を抱き、自主的に行動しなくなってしまう。未熟な段階ではあるが、子どもの自主性を伸ばすよう、子どもの気持ちを励まし、支援することが重要である。

　この時期の接し方のポイントは、①子どもの自主性を高め、生活力を育てること、②子どもの質問にきちんと答えること、③子どもの良きモデルとなること、である。

　①子どもの自主性を高め、生活力を育てること

　幼児後期になると基本的生活習慣が一応身につき、自分ことをほぼひとりでできるようになる。もちろん身支度など養育者がやってしまった方が早いが、子どもの自主性を育て、巧緻性など運動発達を促進するためにも子どもにやらせることが望ましい。手指の細かい操作もできる力が育ってきているので、子どもの自主性を大切にし、手順を示し、時間にゆとりをもって子どもに任せるようにする。できないところは養育者が手を貸してもよいが、なるべくひとりでがんばるように励まし、最後は一人でやり終えた達成感を味わえるような援助の方法をとる。ひとりで無理なところは、人の助けを求めてもよいこと、手伝ってもらったらきちんとお礼を言うなど社会的なルールも伝える。基本的生活習慣は人間が生きていくために必要最低限の生活力であるが、困った時にど

う行動するのか、助けてもらった時にどう行動するのかを身につけることも社会で暮らすために重要な生活力である。この時期の子どもは、相手の立場に立って物事を考えることができるようになる。家族のために役立つこと、友人のために何かすることを自主的に行った時には大いに認め、家庭などでも簡単なお手伝いなど家族としての役割を果たせるようにする。

②子どもの質問にきちんと答えること

知的好奇心が旺盛となる時期であり、「なぜ？」「どうして？」という多くの質問を養育者にぶつけ、自分が理解できるような答えが返ってくるまで繰り返し問いかける。幼児期の質問であるので、幼児が納得できるように説明をしてあげること、わからなければ正直にわからないことを伝え、一緒に調べたり、後で教えてたりする。嘘をついたり、適当にごまかして答えたりせず、子どもの質問に真摯に対応することが大切である。さらに、子どもの質問を無視したり、「うるさい」と叱ったり、質問を止めさせるために脅したりすることは、子どもの心を傷つけ、養育者に対する信頼感を失わせ、子どもの質問意欲や話したい気持ちを萎えさせてしまう。養育者は子どもが疑問をもったことを評価し、関心を寄せ、子どもの世界を共有する。子どもは養育者に真面目に対応してもらったことを喜び、認めてもらったことで自尊心が高まり、生きている世界のおもしろさを実感し、物事に対する知的好奇心をさらに深めていくことができる。

③子どもの良きモデルとなること

この時期の子どもは社会的規範をほぼ理解して身につけており、きちんと守ろうとする。子ども集団で遊ぶルールも知っているので、順番を守らない子どもがいると指摘することもできる。年長児になれば、仲間の同士の喧嘩も子どもの中に内在化された規範に則り自分たちで考えて解決できるようになる。幼児後期の社会的規範の基本は、養育者や保育者など身近な大人から学んだものである。子どもたちは大人から言われたことだけでなく、大人がやっているこ

とを見て、社会的規範を自分の中に内在化していく。自分のもつ規範と大人の行動とが矛盾していると、子どもの心は傷つき、混乱してしまう。大人は、子どもの良きモデルであることを自覚し、子どもに教えてきた規範に則った行動をとることが大切である。子どもたちは大人の姿を理想として学びながら、理想自我（かくありたい自分）を形成することができるのである。

4）小学校低学年期

　ここでは小学校低学年期を小学校1年生から3年生までとする。活動範囲が広がり、知識や技術の習得が進み、自分なりの論理で物事を捉えるようになるが、まだ自己中心性が強い時期である。この時期の子どもは理由を理解し、納得した上で、自主的に規範を守ろうとし、不正行為や不公平について厳しい。目標に向かって自分の弱点を克服しようと努力し、大人の励ましを受けて、一生懸命にがんばることができ、自己有能感をもつ。多くの友達と交わるようになる一方で、他者と比較するようになり、優越感や劣等感をもつようにもなるため、大人の接し方には気をつけたい。エリクソンは学童期（低学年期から高学年期までを含む）の対概念を「勤勉性」対「劣等感」とした。

　この時期の大人の接し方のポインは、①子どもの努力や勇気、意欲を認め、励ますこと、②子どもの疑問を発展させたり、具現化したりすること、③大人が人生の先輩として生きる喜びを伝えること、である。

　①子どもの努力や勇気、意欲を認め、励ますこと

　小1プロブレムと言われるように、小学校入学という新しい環境への移行が子どもに与える影響は想像以上に大きい。遊びを主体とした幼児期の生活から、教室で静かに座って学習する学校生活に慣れることは、幼い子どもにとって大変なことである。この移行期を乗り越えるために、養育者も教師も個々の子どもの状態を的確に捉えながら、個別的に対応することが求められる。ひとりひとり異なる個性をもった子どもたちが低学年期に学校生活にしっかりと慣れ、自己発揮できるようになることは、その後の学校生活にとって重要なこと

である。家庭では、慣れない集団で緊張した子どもの心を解きほぐし、活力を取り戻させて学校に送り出す大切な役割がある。

　また、小学校低学年期は好奇心や知識欲が旺盛であり、子どもは学校での学習や生活に大きな期待を抱いている。行動範囲も広がり、友人とも活発に遊ぶようになる。学校はこの期待に応え、学習することや学校生活の楽しさ、おもしろさを存分に経験する場でありたい。子どものがんばろうとする意欲や努力を認め、挑戦しようとする勇気を評価し、励ますことが、さらなる意欲を引き出す。他者との比較をしたり、競争心も強くなったりしてくるが、大人は個々の子どもの良さ、すばらしさを正しく認め、それぞれの子どもが充分に自己発揮できるようにしなければならない。

　②子どもの疑問を発展させたり、具現化したりすること

　小学校低学年期の疑問は学校で学んだ新たな知識に基づいていることが多く、子どもの知的好奇心を深め、意欲を高めるために真摯に対応したい。学校では、授業の中で子どもの疑問をうまく取り上げ、学習に発展させたいものである。知識を知識で終わらせず、そのことが現在の生活の中でどのように生かされているのか、あるいは今後どのように活用できるのかなどを考えることは、学ぶ意義を考える土台になる。家庭では、日常生活の中で具体的に活用し、家族で楽しんでみたりすることも重要である。

　③大人が人生の先輩として生きる喜びを伝えること

　小学校低学年期の子どもたちが、大人になった自分をイメージするのは、身近にいる大人たちの姿を通してである。大人自身が人生を生きることのすばらしさ、喜びを実感していれば、子どもにも大人になること、人生を生きることのすばらしさが自然に伝わる。また、大人が自分の仕事に誇りをもち、懸命に働いていることは、子どもに仕事に対するプラスイメージをもたらす。低学年期は、大人が生き生きと生きている姿や働く喜びを、日常の生活の中で感じ取っていける体験が非常に大切である。

5）小学校高学年期の接し方

　小学校高学年期を小学校4年生から6年生までとする。この時期は思春期前期に当たり、心身共に大人への準備期に入る。自己中心性から脱し、物事を論理的、抽象的に捉えることができるようになる。運動能力や知識欲も高まり、多様な領域に関心をもつようになる。大人の価値観より、仲間や新たな価値観に目覚め、親離れ（精神的離乳）が始まる。

　小学校高学年の接し方のポイントは、①子どもの自己効力感を育てること、②子どもの知的好奇心を高め、学びの世界を広げること、③大人が社会で役割を果たしている喜びを伝えること、である。

　①子どもの自己効力感を育てること

　自己効力感とは、ある状況において必要な行動を遂行できるという確信である。子どもがこのような確信をもつためには、子どもの力を信じて励ます大人の存在が重要であり、子どもの発達に応じた課題を準備し、遂行できた経験が必要である。発達心理学ではこのような課題を発達の最近接領域と呼ぶ。すなわち、遂行するためには少し努力を必要とする、子どもにとって達成可能なレベルの難易度をもつ課題である。あまり難易度が高いと子どもはやる気を失ってしまうため、子どもの発達レベルを的確に把握して少しだけ難しい解決可能な課題としなければならない。また、子どもによっては援助しないと継続が困難な場合もあり、そのような時には子どもの状態をみながら、最後までやり通せるように励ます。また、子どもが失敗した場合には、結果ではなく、どのように取り組んだかを評価することによって、やる気をもたせ、次に生かすことが大切なことを示す。自己効力感は自己肯定感や自尊心にもつながり、自己実現に向かうための力となる。

　②子どもの思考を深め、学びの世界を広げること

　ピアジェの発達段階によれば、小学校高学年は具体的操作期から形式的操作期に変化する時期であり、抽象的な概念を用いて一度に2つ以上のことを同

時に操作しながら考えることができるようになる。また、自分の行為の結果や将来のことについても、論理的に予想可能になってくる。子どもは機械的に学ぶだけではなく、学びがどのような世界と関連しているのか、現在の自分にとって、将来の自分にとってどのような意味をもつのか理解する力をもっている。個々の子どもの関心や特性を見極めながら、養育者や教師はこのような子どもの力を引き出し、学びの世界への興味を喚起する役割がある。

③大人が社会で役割を果たしている大人の喜びを伝えること

小学校高学年期には、大人が社会でそれぞれの役割を果たしている喜びを通して、生きている充実感を子どもに実感させたい。学校では教師として働いている大人たちの生き生きとした姿を、家庭では家庭を構成している養育者としての役割や家族のために社会で働き職業人としてがんばっている姿を、地域では地域のために働く大人の姿や様々な職場で懸命に働いている大人の姿を示し、過去から現在に延々と続いている人類の営みともからめて理解させたい。子どもは人間が自立すること、社会的な役割を果たすことがすばらしいことであり、人として自然な営みであることを受け入れ、自分の将来に対するプラスのイメージや夢を描くことができる。そのためには、大人自身が自分の役割に誇りをもち、社会や家族のために役割を果たしていることへの充実感や喜びを感じているかどうかかが問われている。

6) 中学校から高等学校期の接し方

中学校から高等学校期は思春期と呼ばれ、親離れ（精神的離乳）、第二反抗期の時期である。身体はほぼ成人に近づくが、精神的には最も不安定で「自分をわかってほしい」、「自分のことなどわかってほしくない」などの相反する感情が怒濤のように渦巻いている。特に強い拒否的な行動が、大人たちが子どもの自主的行動を侵害する反発として現れる。エリクソンの対概念は「同一性」対「同一性混乱、拡散」である。過去の危機を乗り越えてきたことを基盤として、アイデンティティ（自我同一性）の確立、すなわち自分自身がある価値を

第 5 章　乳児院における家族援助の実際　　*135*

もって存在することへの実感を求めて自分探しを始める時期である。自分なりの価値基準を見いだして現実に即した生活目標が形成されると、思春期の危機を脱して落ち着きを取り戻す。アイデンティティを確立できないと、「同一性混乱、拡散」となり、自分が他者にのみ込まれてしまうことを怖れて自己防衛的になり、他者との交わりを拒否したりする。第二反抗期の強度は、個人差やそれまでの親子関係の在り方によっても異なる。この時期は、自分の将来を思い描き、具体的に進学や就職などの選択をしなければならない。人生の先輩として、大人たちが良きアドバイスをする重要な時期である。一般的な価値基準ではなく、その子どもの将来の夢を尊重した支援を考えていきたいものである。

　思春期の大人の接し方のポイントは、①子どもの判断力を育て、自己決定を促すこと、②学校、家庭や地域の中での役割を充実すること、③将来の夢に向けて具体的な方策を提供すること、である。

　①子どもの判断力を育て、自己決定を促すこと

　思春期は内在化されてきた保護者や教師などの価値基準に疑問を抱き、新たな自分の価値基準の再構成が開始される。子どもが自己の中で揺らぎ始めた既成の規範を自分の力で乗り越えていくためには、養育者は自分が信じている価値基準を明確に持ち続けることが肝要である。越えるべきハードルを定まらないと、子どもはさらに不安定になり、養育者に対する不信感を強くする。思春期までに大人の価値基準が子どもの中に育っているならば、改めて子ども自らがそれを選択して自分の新たな価値基準の中に組み入れていく。養育者は養育者の立場としての考えを厳然と示しながら、最終的には子どもが自ら判断して自主的に決められるよう、子どもを信頼して待つ。無理に養育者の考えに従わせることは、この時期の子どもには通用しない。しかし、衝突を避けるために、子どもの言い分をすべて受け入れ、迎合するべきではない。子どもにとっても養育者にとってもつらく厳しい時期ではあるが、思春期は子どもが真の意

味で大人として精神的に自立していくための根幹となる大切なプロセスである。エリクソンが述べているように、思春期に至るまでの心理社会的危機を乗り越えてきた力が大きな支えになる。

　②学校、家庭や地域の中での役割を充実させること

　心身ともに大人に近づいている思春期の子どもたちには、大人とほぼ同等な様々な力量が備わっている。我が国でも過去に、他国の中には現在も、思春期を成人として扱う慣習がある。子どもの発達加速現象が指摘されているように、過去に比べて身体の成長は著しい一方で、精神的未熟さ、幼稚性が指摘されている。精神的発達を遅らせているひとつの要因として、高学歴化を背景とする社会的自立の延期も懸念される。日本など先進国では、かなり前からモラトリアム現象が問題とされているが、大人に準じた役割を持たせることが将来の自分のイメージを実感させるために役立つと思われる。学校における生徒の自主的活動を促すような役割の設定、家庭における家族の一員として家族のために働く家事分担、地域の中における自治会青年部や子ども会のリーダーとしての役割等を充実させていくことは大切であろう。役割を任せられること、大人として扱われることは自分の行動に責任を持つことであり、リーダーシップを発揮したり、他者と協力する経験をもったりすることができる。役割が子どもを育て、新たな自分の発見につながり、学校教育から社会へのハードルを低くする手段のひとつとなるのではないだろうか。

　③将来の夢に向けて具体的な方策を提供すること

　思春期の子どもたちは将来の夢を具体的に描き始める。現在、学校教育においてもキャリア教育が始まっており、現場実習なども行われるようになった。これらをうまく生かしながら、個々の子どもたちの将来の夢に向けて学校や家庭の中で具体的な方策を提供することが望ましい。将来の夢が茫漠として定めかねている子どもの場合には、養育者が自分自身の体験を語ったり、子どもの特性を最もよく理解しているはずの養育者からアドバイスをしたりすることも

第 5 章　乳児院における家族援助の実際　　*137*

有効である。しかし、決定するのはその将来の夢を生きていく子ども自身であり、その力が子どもにあることを養育者は信じて、判断を助ける材料を提供することに徹するべきである。思春期以降の子どもたちに養育者や周囲の大人ができることは、すべての子どもたちがそれぞれの人生を自分らしく自己実現しながら、自分の力で精一杯生きていくことができるように、いつも心から応援していることを伝えることであると思われる。

4. 乳児院の事例から学ぶ家族援助の実際

　家族援助の実際をさらに深く学ぶために、A乳児院（東北地方）、B乳児院（関東地方）、C乳児院（関西地方）、D乳児院（北陸地方）の事例について紹介する。

（1）A乳児院（東北地方）

1）A乳児院の施設の概要

　A乳児院の歴史は古く、明治時代の農村に起きた冷害や凶作によって、一家心中や身売り、高い乳児死亡率、養育放棄などの問題が深刻化し、これを目の当たりにした医師が子どもたちの幸せを願って設立した。養育方針の第一は、「子どもと家族を尊重した養育計画の作成」で、子どもの最善の利益を配慮した養育を掲げている。さらに、医療的ケア、栄養のケアを特色に、近隣の病院と連携して心身の健全な発育を促進している。

　A乳児院は県の中心部、商業地域にあり、定員20名の小規模な施設である。

　職員構成は、院長（医師）、看護師、保育士、専任の家庭支援専門相談員（保育士資格者）から成り、小規模施設の特色を活かして、多様な職種の連携を心がけている。

入院児の年齢は概ね0〜1歳で、2歳児も少数いる。医療的ケア、栄養のケアが必要なアレルギー疾患や病児の措置も多い。

入院時の理由はほとんどが家庭事情であるが、最近では、母親の心身の疾患の状態や未婚者の出産、多額の借金の生活苦、養育拒否などが複雑にからみあっており、入所理由の特定が困難な傾向にある。

2）A乳児院の家族援助の現状

A施設が力を入れている家族援助は、家庭復帰や里親委託に結びつける支援と退院後の継続的支援にあり、職員間や児童相談所等関係機関と蜜に連絡をとりあいながら、家庭復帰の可能性と支援を慎重に検討している。以下にその手順を示す。

①家庭復帰の希望が親から示されたら、それまでの面会時の親子の様子を考慮し、さらに児童相談所と乳児院の家庭支援専門相談員が一緒に訪問して家庭環境を確認する。

②引き取り可能と判断したら、親子で外出許可を行う。一緒に公園に行くような短時間の外出から始めて少しずつ接触時間を増やし、一泊の家庭泊につなぐ。

③外出の回数や宿泊日数を増やし、毎回、家族との接触後の子どもの様子を注意深く観察し、異変があれば外出を中断して、親と話し合う。円滑に進んだ場合でも、最低、半年をかけて家庭復帰の準備を進め、栄養指導も行う。

④引き取り後、親や里親からの育児相談の電話が多く、入院中に担当した保育士が根気よく対応している。電話が多いのは、入院中から職員と親との信頼関係を築くよう心がけていることと、相談先の少ない親が多いことが影響しているようである。親が安定していく様子が電話の向こうから伝わり、それとともに電話の回数も減る。退所後の相談は、「泣き止まない」「機嫌が悪い」「熱が下がらない」「下痢しているので受診したほうがよいのか」といった子どもとの生活への不慣れや戸惑いが大半を占めるが、中には、子どもを

引き取ったために夫婦間や嫁姑間に問題が生じるようになったという相談も
ある。

3）A 乳児院の家族援助の特徴

　A 乳児院における入院中の親、里親との信頼関係形成が、退院準備と退院後
の生活への支援、里親への支援を可能にする重要な要素となっている。引き取
り先の家庭が A 乳児院から離れていることが多く、電話が相談の重要な手段
になっている。入院中の信頼関係形成がなければ電話を通した援助は成り立た
ない。

　地域に対する支援の中で、「ショートステイ」「ふれあい体験学習」の需要が
ある。「ショートステイ」は、母親の病気、病気の家族の付き添い、育児不安、
冠婚葬祭など様々な理由で利用されている。「ふれあい体験学習」は、中学生
や高校生に子どもとのふれあいの場を提供することによって、未来の親や保育
士を育てることにつながり、A 乳児院では今後さらに強化していきたいと考え
ている。

　A 乳児院では、都市部にみられるような虐待の深刻化は見られず、入院児の
家庭復帰への支援と、予防的な意味での地域に対する支援が特徴となってい
る。

（2）B 乳児院（関東地方）

1）B 乳児院の施設の概要

　B 乳児院は昭和 40 年代後半に開設された。養育方針は「1．緑に恵まれた
環境の中で、のびのびと健やかな保育、2．家庭的雰囲気を大切にしながら、
思いやりのある保育、3．一人ひとりの個性を活かした保育」である。定員は
40 名であり、縦割りで 2 グループを編成しているが、特に個別対応が必要と
されるケースには、別棟にある家庭的環境が整えられた場所できめ細かいゆと
りのある保育を行っている。

B施設は関東地方の大都市圏内にあり、最寄り駅から徒歩5分程度と交通の便がよく、公園に隣接した閑静な住宅街の一角にある。施設は鉄筋コンクリート2階建で老朽化しているが、清潔で明るい。さらに、2階は支援ルームとして、面会や宿泊に活用されている。

　また、B乳児院では、地域の親たちが集える「親子のひろば」を開いている（地域子育て支援拠点事業）。

2) B乳児院の家族援助の現状

　図5−12に家族援助の実際をフローチャートで示した。

①入所時には、面接を通して保護者の意向を聴き、ケース検討会議を開いて自立支援計画を策定する。親子関係構築に向けて、面会による養育支援・親子関係の調整を行い、児童相談所との情報交換をこまめに行う。状況によって、ペアレントトレーニングや地域の社会資源の開拓等をしたりする。ケース検討会議を6カ月毎に実施しているが、状況に変化があった場合には随時開く。

②入所時の課題が解消した場合あるいは課題解決に時間を要する場合には、退所に向けて児童相談所も交えて保護者とのカンファレンスを行い、今後の方向性を検討する。自立支援計画を見直し、策定する。方向性が決まった段階から、子どもには保育士や看護師が、保護者には社会福祉士が関わる。

③家庭復帰を目指す場合には、児童相談所による復帰に向けてのプログラムが実施され、院内ケース検討会議を経て、保護者・児童相談所・保健師・行政・保育所などの関係機関が参加して終結カンファレンスを行う。関係修復への手順として、最初は、保育士との関係をくずさないため、保護者ではなく社会福祉士が子どもを部屋に迎えに行ってロビースペース（開放スペース）で保護者と面会する。一定期間のロビースペースでの面会を経て、2階の支援ルーム（個室）で面会する段階に至る。経過が良好であれば、支援ル

第5章　乳児院における家族援助の実際

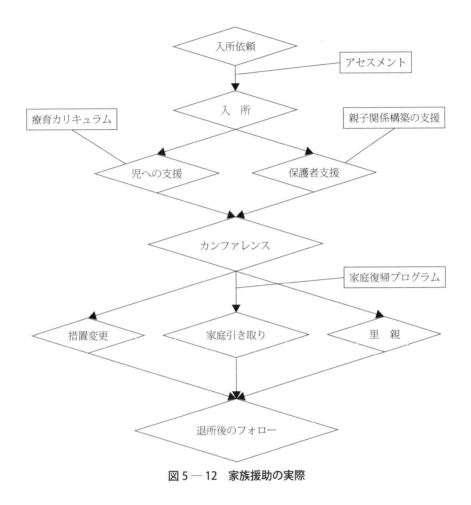

図5−12　家族援助の実際

ームで宿泊訓練を行ったり、外出経験をしたりする。
④家庭復帰が困難あるいは時間を要する場合には、措置変更か里親委託となる。措置変更では、措置変更先の施設職員との情報交換や事前訪問が実施され、院内ケース検討会議を経て、保護者・児童相談所が参加して終結カンファレンスが行われる。里親委託では、里親との関係構築のために面会や宿泊などの細かなステップが設けられ、関係構築が確認された後、里親、児童相

談所が参加して終結カンファレンスが開かれる。

⑤退所6カ月後に保護者や関係機関と連絡をとり、フォローする。保護者の希望や状況に応じて、相談を継続する。

3) B乳児院の家族援助の特徴

B乳児院における家族援助の特徴を図5─13に示した。

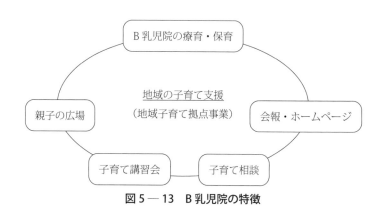

図5─13　B乳児院の特徴

①心理療法プログラム

乳幼児の情緒の発達を促進するために、B乳児院では心理担当職員と保育担当職員との連携による「心理療法養育プログラム」を実施している。また、B乳児院では施設長、心理担当職員、家庭支援相談員がチームを組んで、家族関係修復プログラムを実施し、段階に応じてきめ細かく丁寧な家族関係の修復を行っている。

②B乳児院の地域の子育て支援：地域子育て拠点事業

a　親子のひろば

地域の子育てを支援するために、週3日（祝祭日も含む）10時から15時まで専用のホール（親子のひろば）を地域に開放している。利用者は0歳から概ね3歳までの子どもとその家族である。

第5章　乳児院における家族援助の実際　　*143*

　b　子育て講習会

　母親（父親）教室、離乳食試食会、季節イベント、リトミック、読み聞かせ教室、乳幼児救命法、手作り教室、ベビーマッサージ、お母さんのためのマッサージなど多彩なプログラムが用意されている。

　c　相談

　育児相談、生活全般の相談、メンタル相談などに対して、保育士、看護師、栄養士、社会福祉士、精神保健福祉士、心理士などが対応する。

　d　親子のひろばのホームページや会報

　ホームページや会報に子育ての情報を随時掲載している。

　B乳児院では、保護者の良い面や努力を認め、褒め、良くないことを真剣に叱ることのできる親子関係にも似た信頼関係が家族関係の修復に必要であると考えている。また、退所後も修復した親子関係を維持するためには地域の子育て支援が欠かせない。そのため、B乳児院では地域に施設を開放し、「親子の広場」を始めた。「親子のひろば」は、親子関係の再統合を準備する期間中に、保護者が地域デビューする疑似体験の場にも活用されている。

4）B乳児院の家族援助の課題

　最近は、人格障害タイプ、虐待経験、望まない妊娠、親子関係の経験の欠如など難しい問題を抱えた保護者が増えており、家庭への引き取りが難しくなっている。このようなハイリスク家庭の家族を支えるには職員の力量向上が不可欠と考え、B乳児院では、職員に社会福祉士資格などの資格取得を勧めている。

（3）C乳児院（関西地方）

1）C乳児院の施設の概要

　C乳児院の母体は、1945年9月、敗戦とともに戦火を免れた駅に多数たむろした戦災孤児を収容・保護するために設置され、1948年養護施設（現在の

児童養護施設）となるG園である。C乳児院は1973年4月、G園に併設された。乳児院の現在の定員は23名である。養育目標は『子どもと「ともに生き」「ともに生活し」「ともに成長できる環境づくり」をめざし、心身ともに健康な子どもに育て丈夫な身体を作る』である。

2) C乳児院の家族援助の現状

乳児院に入所する子どもの養育・保育を中心にすえて実践することが、C乳児院の地域における幅広い子育て支援を活発にしている。C乳児院の子育て支援は、家庭支援専門相談員（保育園園長経験者）と心理相談員が中心になり、乳児院の保育士や職員全員体制で行う。C乳児院は1980年にデイ・ケア児の受け入れを開始し、その後もナイト・ケア児の受け入れ、地域交流事業、家庭的養育、乳幼児保育室、都市家庭在宅支援事業（子どもなんでも相談）、心理療法事業などを行っている。図5―14のような多様な事業は、入所児の養育・保育の質の高さを追求する養育保育実践が核になっていること、乳児院職

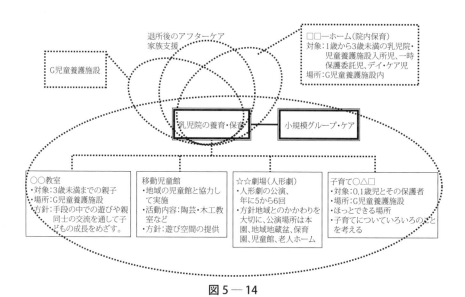

図5―14

第5章　乳児院における家族援助の実際　　*145*

員のチームワークが要となって実現されている。

3）C乳児院の家族援助の特徴

　C乳児院の職員は、園長、看護師、保育士、栄養士、調理員、家庭支援専門相談員、心理担当職員、書記の29名である。C乳児院では、職員全員が入所児一人一人の処遇や育ちの様子などの情報を共有する仕組を作っている。また、園内外研修の年間計画表を作成し、職員の力量向上を促進し、処遇内容の充実を図っている。地域向けの事業は、職種を問わずグループで担当し、そのための話し合いを頻繁に行っている。入所児の養育・保育・保護者との関係調整などについての話し合いが活発に行われている。さらに、以上のような活動や研修内容は毎年1冊の研修誌にまとめられている。

（4）D乳児院（北陸地方）

1）D乳児院の施設の概要

　D乳児院は1950年社会法人乳児院として設立され、1961年児童養護施設を併設、1998年にショートステイ事業、トワイライトステイ事業を開始し、2005年に児童家庭支援センターを開設した。開所以来、D乳児院は乳児・児童の支援を行い、地域の要養護児童を支援してきた。現在、D乳児院の定員9名、児童養護施設の定員50名である。

2）D乳児院の方針・養護理念

　D乳児院の理念は「無限の可能性を秘めた乳児の人権をまもり、愛情にあふれ共に幸福感を味わえるような環境を作る。安全衛生を徹底し疾病を最小限に防止すると共に事故を出さない。」ことである。

3）D乳児院の乳児院の特徴

　D乳児院は定員9名と小規模な施設であり、トワイライト・ショートステイ、児童相談所で一時保護をした乳児も預かっている。

4）D乳児院の養護内容

　D乳児院の養護内容は、毎日のように散歩に出かけたり、自動車で買い物に行ったり、家庭に近い経験を取り入れている。また、合築された児童養護施設の子どもたちと一緒に遠足や海水浴等の行事に参加している。家庭的な良さと集団的な良さの両者の豊かな生活経験が用意されている。

　職員指導においては、人権擁護が徹底して行われている。職員は毎週子どもへの心構えをチェックしたり、制定された舎訓が遵守されているかを常に確認したりしている。幼児は市立幼稚園で2年保育を受けたり、祭りなど地域の活動に積極的に参加したり、地域との関係を築いている。

5）D乳児院の家族援助の現状

　家庭支援専門相談員が、入所前、入所時、在所中、退所時、退所後における家族との関係、職員との連絡調整、関係機関との連絡調整など一貫して担当する。児童家庭支援センターや児童相談所との連携も蜜にとっている。また、苦情解決制度も整っている。トワイライト・ショートステイはニーズが少なく、年1、2名の利用に止まっている。

6）D乳児院の家族援助の特徴

　D乳児院のある市は人口6〜7万人、地域には二世帯同居が多く祖父母からの支援が受けられる。一方、乳児院利用者は家族関係に恵まれず、家族との関係が切れている傾向にある。

　D乳児院は家庭支援専門相談員を配置し、家庭支援に力を入れている。2、3歳で家庭復帰するケースが多いが、退所の見通しがつかない場合には、児童養護施設に移ることになる。乳児院退所後3年はフォローし、その後市役所・児童相談所に引き継ぐ。また、地域対策協議会の地域部会では、要養護ケース検討会が月1回もたれており、退所児の見守りをしている。

7）D乳児院のまとめと課題

　D乳児院のある地域は地域対策協議会が機能しており、フォロー対策が整っ

第5章　乳児院における家族援助の実際　　*147*

ている。血縁・地縁の絆が強く、家庭内で解決できたり、保育所の送迎を地域住民がしてくれたりするなどサポート体制がある。家庭支援専門相談員は30年以上の経験があり、適切な支援がなされている。D乳児院では、地域との連携により手厚い支援が実現している。

5. 乳児院に残された課題

　在宅福祉や地域福祉への関心が高まる中で、施設の社会化が求められるようになった。乳児院もまた、地域の社会資源のひとつであり、地域の子育て支援者センターとして機能することが期待されている。例えば、多くの乳児院は子育て支援事業に取り組み、施設内に相談室を設けたり、施設の一部を地域に開放したりしている。

　今回紹介した4つの乳児院事例からは、様々な地域支援を展開していることがわかるが、連携の十分でない専門機関も存在する。今後、乳児院が地域の社会資源とのネットワークを構築することが課題であろう。

　事例の中には、退所後3年間のフォローアップ体制や地域対策協議会でのケース検討の実施、退所後の見守り、丁寧な家族関係修復プログラムの実施、子育て支援を行う人材養成として職員の研修体制の充実など先駆的な取組があり、今後の乳児院のおける支援の在り方を示唆している。

【参考文献】

（1）　エリク・H・エリクソン／ジョアン・M・エリクソン（1982）ライフサイクル、その完結［増補版］、（訳）村瀬孝雄／近藤邦夫（2001）みすず書房

（2）　文部科学省（2002）児童生徒の心の健康状態と生活習慣に関する調査報告書

（3）　A．H．マズロー（1954）人間性の心理学（訳）小口忠彦（1987）産能大出

版部

(4) 米山岳廣・田中利則・大久保秀子・鳥海順子・阿部和子・長島和代（2011）
乳児院における家族援助の実態に関する研究．武蔵野大学人間関係学部紀要、
8、9～26頁

第6章 母子生活支援施設における家族援助の実際

1. 母子生活支援施設とは

(1) 母子生活支援施設の目的

　母子生活支援施設とは、児童福祉法第38条で「配偶者のいない女子又はこれに準ずる事情のある女子及びその者の監護すべき児童を入所させて、これらの者を保護するとともに、これらの者の自立促進のためにその生活を支援し、あわせて退所した者について相談その他の援助を行うことを目的とする施設とする」と規定された児童福祉施設である。母子生活支援施設の利用対象は、18歳未満の児童及び保護者（配偶者のない女子またはこれに準ずる事情のある女子）であり、特別な事情がある場合は、児童が満20歳に達するまで利用することができる。施設の役割は、①保護、②自立支援、③退所者への相談その他の援助である。この施設は、元々は生活に困窮する母子に住居を提供するといった「保護する」ことを目的とする施設であったが、1998年の児童福祉法の改正によって施設の名称が「母子寮」から「母子生活支援施設」へと変更され、その目的も「保護するとともに、生活を支援する」と改正された。さらに2004年の児童福祉法改正では、「退所した者について相談及びその他の援助を行うこと」も施設の目的として追加され、支援の対象が退所した利用まで拡大されている。そして、「母子家庭等自立支援対策大綱（厚生労働省：2002年）」、「改正配偶者からの暴力の防止及び被害者の保護に関する法律（改正

DV法）（2004年）」などおいて、母子生活支援施設は母子家庭の総合的な自立支援やDV被害者の保護と自立支援のための施設として、地域で生活するひとり親家庭への子育て相談・支援や、保育機能の強化、サテライト型（小規模分園型母子生活支援施設）などの機能強化も求められるようになってきている。

　母子生活支援施設への入所に関しては、児童福祉法23条に「都道府県、市及び福祉事務所を設置する町村は、それぞれの設置する福祉事務所の所管区域内における保護者が、配偶者のない女子又はこれに準ずる事情にある女子であって、その者の看護すべき児童の福祉にかけることがあると認めるときは、その保護者及び児童を母子生活支援施設に入所させて保護する措置を採らなければならない」と規定されており、実際の手続きは、住所地を管轄する福祉事務所への申し込みによって入所が決定される。

(2) 施設利用者の現状

　母子生活支援施設は、全国に256カ所あり、3,861世帯が生活している（厚生労働省：平成25年3月31日）。母子生活支援施設を利用する理由は、

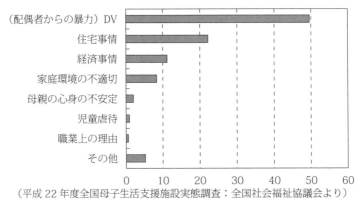

（平成22年度全国母子生活支援施設実態調査：全国社会福祉協議会より）

図6-1　母子生活支援施設を利用する理由

第6章　母子生活支援施設における家族援助の実際　　*151*

図6－1に示したように「配偶者からの暴力（DV）」でありほぼ半数を占めており、この割合が年々増加している（平成12年の調査では33.5％）。次に「住宅事情」、「経済事情」などの理由となっている。母子家庭が貧困リスクの高い家族形態であるといわれているが、平成24年度の国民生活基礎調査（厚生労働省）によると、児童のいる1世帯の平均所得が697万円であるのに対して、母子家庭は250万円であり、両者の間には大きな差が見られる。

(3) 母子生活支援施設の規模と職員配置

表6－1に全国の母子生活支援施設の認可定員の分布を示した（米山他：2012年）。認可定員の世帯数が20～24世帯が全体の半分であり（48.4％）、15～19世帯（15.5％）、10～14世帯（11.6％）が続いている。施設の認可定員の平均世帯数は20世帯（SD：8.7）で最小は2世帯で最大は50世帯であった。なお、認可定員が20世帯の施設が全体の47.1％を占めていた（米山他：2012年）。

母子生活支援施設の職員配置については、「児童福祉施設の設備及び運営に

表6－1　母子生活支援施設の認定定員

認可定員（世帯数）	割合（％）
1～4世帯	0.6
5～9世帯	5.8
10～14世帯	11.6
15～19世帯	15.5
20～24世帯	48.4
25～29世帯	4.5
30～34世帯	6.5
35～39世帯	1.9
40世帯以上	5.2

表6—2　母子生活支援施設の職員配置（国基準）

職種	人数	
施設長		
母子支援員	9世帯以下	1人以上
	10～19世帯	2人以上
	20世帯以上	3人以上
嘱託医		
少年指導員	19世帯以下	1人以上
	20世帯以上	2人以上
調理員		

【加算などで配置できる職員】
①保育士：保育所に準ずる施設を設けるとき、乳幼児30人に1人以上
②心理療法担当職員：母子10人以上に心理療法を行う場合
③個別対応職員：DVなどを受けたことなどにより、個別対応の必要が母子に個別支援を行う場合
④退所後支援職員：アフターケアー担当

関する基準」で、表6—2に示すように配置基準が示されている。それに対して表6—3に全国の母子生活支援施設の職員配置の実態を示す（米山他：2012年）。表6—3に示されているように、常勤が多かったのは、施設長（93.2％）、母子支援員（87.3％）、少年指導員兼書記（83.1％）であり、次に割合の高いものは、保育士（39.8％）、調理師（40.7％）、被虐待児個別対応加算による職員（36.4％）である。また心理療法担当職員や特別生活指導加算による職員が常勤でいる施設が20％程度あるが、それ以外については、常勤的非常勤や非常勤の職員で対応しており、特に嘱託医は非常勤が多かった（78.8％）。平均的な配置人数を見ると、母子支援員、少年指導員兼書記、保育士、嘱託医は常勤、非常勤で複数配置している。また、心理療法担当職員や夜間警備加算による職員を常勤又は非常勤で複数配置している施設もあり、これらは母子生活支援施設の性格を反映しているものである。

第6章　母子生活支援施設における家族援助の実際　　*153*

表6―3　母子生活支援施設の職員配置の実態

	職名	常勤	常勤的 非常勤	非常勤
国基準	(1) 施設長	1.0人（93.2%）	1.0人（5.9%）	1.0人（0.9%）
	(2) 母子支援員	2.3人（87.3%）	1.5人（20.3%）	1.6人（7.6%）
	(3) 少年指導員兼書記	1.8人（83.1%）	1.2人（21.2%）	1.1人（8.5%）
	(4) 保育士	1.4人（39.8%）	1.6人（11.9%）	1.1人（6.8%）
	(5) 調理師など	1.0人（40.7%）	1.1人（12.7%）	1.4人（11.0%）
	(6) 嘱託医	1.9人（9.3%）	1.0人（5.1%）	1.1人（78.8%）
国加算	(7) 心理療法担当職員	1.0人（22.0%）	1.4人（7.6%）	1.9人（23.7%
	(8) 被虐待児個別対応加算による職員	1.0人（36.4%）	1.0人（5.1%）	1.0人（1.7%）
	(9) 特別生活指導費加算による職員	1.0人（22.9%）	1.0人（5.9%）	1.0人（7.6%）
	(10) 利用者処遇特別加算による職員	1.0人（2.5%）	1.0人（0.8%）	2.0人（3.4%）
	(11) 就労等自立支援に関する職員	1.0人（3.4%）	1.0人（1.7%）	1.0人（2.5%）
	(12) 保育機能強化推進事業による保育士	1.0人（3.4%）	1.0人（0.8%）	1.0人（0.8%）
	(13) 夜間警備加算による職員	1.0人（1.7%）	3.0人（0.8%）	2.8人（14.4%）
	(14) その他・常勤	1.0人（3.4%）		
	(15) その他・常勤的非常勤		1.3人（2.5%）	
	(16) その他・非常勤			1.8人（4.2%）
その他	(17) その他常勤	1.1人（8.5%）		
	(18) その他・常勤的非常勤		1.5人（6.8%）	
	(19) その他・非常勤			2.3人（21.2%）
	小計	6.5人（100%）	2.6人（51.7%）	3.3人（89.0%）
	合計	10.9人（100%）		

1. 人数は、施設における平均の配属人数
2. パーセントは、全施設の中でその人員を配置している施設の割合
　　例：施設長・常勤　1.0人（93.2%）の意味は、「有効回答118施設の内、その93.2%
　　　　にあたる施設が常勤の施設長を配置しており、その平均配置人数は1.0人」という
　　　　ことを意味する。

2.　母子生活支援施設における母子家庭などへの支援サービス

　母子生活支援施設の機能を表6―4に示す。母子生活支援施設の機能は、利用者家族など（施設で生活する母子家庭など）の支援サービスと地域全体への支援サービス（地域福祉サービス）の主に2つに分けられる。このうち利

表6−4　母子生活支援施設の機能について

（「母と子の権利擁護と生活の拠点をめざして」全国母子生活支援施設協議会特別委員会報告書（2005年））

施設で生活する母子家庭等	地域全体（ひとり親家庭）
【生活と権利擁護の拠点】 （1）癒しを得ることができる生活環境 （2）相談 　・日常的ストレスへの対応 　・生活相談（諸サービスの利用、自立に向けての準備） （3）生活支援と生活に関するスキルの向上支援 　・生活スキルの習得 　・制度活用のサポート（アドボケート） （4）子育て支援と子どもへの支援 　養育技術の習得／しつけ／生活習慣／保育／学習指導／遊びの指導／進路相談／被虐待児支援（心理的サポートを含む）／障害児への支援 （5）健康維持のための支援 　治療のサポート／服薬のサポート （6）就労支援 （7）危機対応 （8）アフターケア	（1）地域支援・子育て支援 　学童保育／ショートステイ／トワイライトステイ／保育機能強化等 （2）危機対応 　ひとり親／単身／被害者支援 （3）相談機能（電話相談含む）

用者家族など（施設で生活する母子家庭など）への支援サービスは、主に母親の経済的な自立の支援に重点が置かれ、家庭内の問題も母親への働きかけが中心となっている。また、別れた夫との関係の調整や整理も重要な課題である。その一方で、入所している児童の中には、学習面や生活面、対人関係など様々な問題を抱えている児童も多い、特に養育上の問題や学習面の問題は、その児童の将来の希望や展望に強く影響することから、これらの問題の解決は緊急の課題である（下村、日下部：2008年）。

　そこで、このような現状の中で、母子生活支援施設における利用者家族などへのサービスの実態はどのようなものであるのかについて、利用者家族が地域社会での自立した生活を実現するための相談や関連社会資源との関連、自立支援計画の作成状況、ケースカンファレンス・連携会議の実施状況、保管保育、

アフターケアなどの観点から説明をしていく。

(1) 母子生活支援施設における相談

母子生活支援施設が利用者より受ける相談内容について、相談件数の多い相談内容の上位3つの複数回答結果をまとめたものが図6-2である（米山他：2012年）。相談内容の上位を占めるものは、子どもの養育、就労、金銭、（前）夫、対人関係の5つであり、極めて現実的な生活問題となっている。1番目、2番目に多い相談内容として、最も多い内容が「子どもの養育」となっていることは、未来ある我が子の精神的な問題や成長、健康、学業成績などの養育に関する悩みはつきないといった母親の状況を示唆するものである。また、「就労」や「金銭」に関する相談が上位にあることは、自立した家庭を築くためにそれらのことが乗り越えなくてはならない大きな課題となっていること

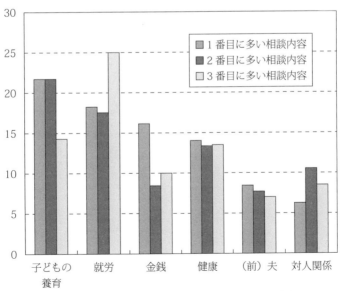

図6-2　母子生活支援施設における主な相談内容

とを示している。その一方で、「（前）夫」に関する相談が比較的低くなっているのは、母子生活支援施設の機能が発揮されているという見方もできる。しかし、母子生活支援施設で生活していても、（前）夫との関係性からの悩みからは開放されないほどネガティブな記憶や感情を抱えおり、精神的な支援や治療を継続していかなくてはならない実態のあることを見逃してはならない（堀場：2006年）。

次に、母子生活支援施設において利用者からの相談をうける職員の状況を図6－3に示す（米山他：2012年）。母子生活支援員（89.6％）が最も多く、少年指導員（42.9％）、施設長（33.1％）、保育士（17.5％）の順となっている。利用者が誰に相談するのかは、相談内容と関連している可能性も高いが、利用者である母親にとって最も身近な存在であると考えられる、母子支援員が最も相談を受ける職員となっている。

最後、母子生活支援施設が、利用者の相談に対して連携する社会資源を図6

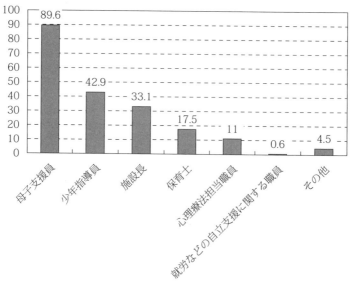

図6－3　母子生活支援施設で相談を受ける職員

第6章　母子生活支援施設における家族援助の実際

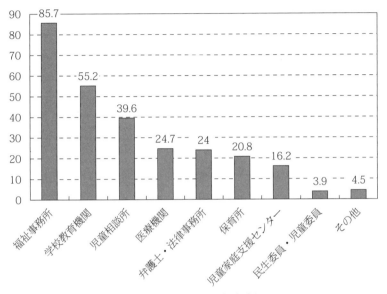

図6－4　連携する社会資源

―4に示す。福祉事務所（85.7％）が最も多く、学校教育機関（55.2％）、児童相談所（39.6％）の順となっている。どの社会的資源と連携するのかについても相談内容と関連していることが示唆され、生活の問題に関する相談を行う福祉事務所、子どもの教育や福祉に関わる学校教育機関・児童相談所・保育所、健康に関わる医療機関などとの連携している施設が多くなっている。

(2) 母子生活支援施設における自立支援計画の作成とケース会議

　母子生活支援施設のうち利用者の自立支援計画を作成している施設は99.4％でありほぼ全ての施設で作成している。自立支援計画の対象は、世帯全体：84.1％、母親のみ：15.9％であった。また、作成頻度は年1回：39.1％、年2回：51.0％、年3回：5.3％、その他：4.6％であり（米山他：2012年）、一般的な高齢者関係の福祉施設や障害者の施設に比べて、自立支

援計画を立てる頻度はやや少ない。

　また、ケースカンファレンス・連携会議の開催状況は、施設内でケースカンファレンス・連携会議を開催している施設は94.1％、開催してない施設は5.9％であり、ほとんどの施設で開催している。ケースカンファレンス・連携会議の開催頻度は、表6―5に示すようになっており、最も多い施設で50回、少ない施設で1回であった（米山他：2012年）。関係機関との連携会議については、開催しているが90.1％で、開催してないが9.9％で、こちらもほとんどの施設が開催している。その開催頻度を表6―6に示すが、開催回数は、最も多い施設で30回、少ない施設で1回であった（米山他：2012年）。

表6― 5　ケースカンファレンス・連携会議の頻度

回数	12 回未満	24 回未満	24 回以上	随時
割合（％）	30.9	43.9	16.5	8.6

表6― 6　関連機関との連携会議の開催頻度

回数	12 回未満	24 回未満	24 回以上	随時
割合（％）	60.9	11.7	1.6	25.8

（3）母子生活支援施設における補完保育

　母子生活支援施設において補完保育を実施している施設は84.2％、実施していない施設は15.8％である。また、補完保育を実施している施設の中で、保育施設がある施設は79.8％であり、ない施設は20.2％である。また、補完保育として実施している内容は図6―5のようである（米山他：2012年）。補助保育をはじめとして、病後・病児保育、夜間保育、早期保育、休日保育など、さまざまな補完保育を実施しており、母子生活支援施設の支援が多岐にわたっている。特に保育所では、看護師の確保が難しいなどの理由でなかなか実

第6章　母子生活支援施設における家族援助の実際

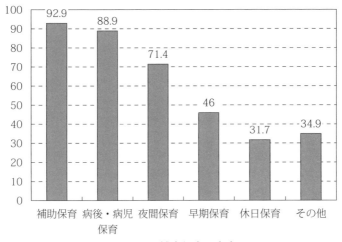

図6-5　補完保育の内容

施に至らない病後・病児保育を、多くの施設施設が実施していることは特徴的である。

(4) 退所母子世帯へのアフターケア

退所母子世帯のアフターケアについては、実施している施設が89.4％、実施していない施設が10.6％であった。実施している施設のケア内容を図6-6に示す（米山他：2012年）。

母子家庭が地域社会で生活していくことは、並大抵の努力ではできない。子育てしながら安定就労していくことには大きな負担がある。世帯収入も児童児童のいる1世帯の平均所得が697万円であるのに対して、母子家庭は250万円であり大幅に少なく（厚生労働省：平成24年度）、また、様々な理由から親族関係が希薄である家庭が多く、保証人の問題なども生じることが多い。さらに、馴染みのない地域での人間関係の形成、これまで経験したことのない公的手続きや書類の作成など、母子生活支援施設退所後には入所中には経験した

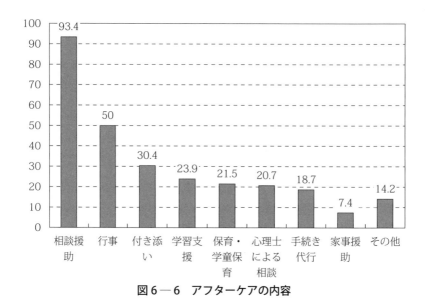

図 6 ― 6　アフターケアの内容

ことのないストレスを感じやすい。加えて、DV や虐待といった理由から母子生活支援施設に入所した家庭は、（前）夫との関係の整理や親子の心身の回復など課題が多くある。こういった中で、母親は子どもを保育所や学校になどに通所・通学させて、仕事しながら、様々な日常生活の問題に対応して生活を営んでいかなくてはならない。そのような実態を考えると、母子生活支援施設が実施しているアフターケアの内容は、多岐にわたり多様な支援とならざるを得ないと考えられる。次に、アフターケアの相談援助の手段を図 6 ― 7 に示す（米山他：2012 年）。母子生活支援施設は、2011 年の「児童福祉施設の設備及び運営に関する基準」の改正によって、相談室の設置が義務づけられた。そういった中で、図 6 ― 6 のように 93.4％の施設が相談援助を行っており、その方法は電話（96.3％）、来所（90.4％）、訪問（49.6％）の順となっている。

第6章　母子生活支援施設における家族援助の実際

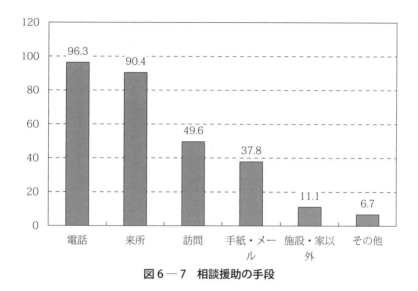

図6—7　相談援助の手段

3. 母子生活支援施設における地域全体への支援サービス（地域福祉サービス）

「母子家庭等自立支援対策大綱（厚生労働省：2002年）」、「改正配偶者からの暴力の防止及び被害者の保護に関する法律（改正DV法）(2004年)」などによって、母子生活支援施設に対して地域で生活するひとり親家庭への支援機能強化など、地域福祉サービスの充実が求められるようになってきている。

母子生活施設運営指針（厚生労働省：平成24年）によれば、母子生活支援施設の地域社会への参加・交流の促進に関して、①母親や子どもの地域との交流を大切にし、交流を広めるための地域への働きかけを行う、②施設が有する機能を、地域に開放・提供する取組を積極的に行う、③ボランティアの受け入れに対する基本姿勢を明確にし、受け入れについての体制を整えるとあり、また、母子生活支援施設の地域支援として、①地域の具体的な福祉ニーズを把握するための取組を積極的に行う、②地域の福祉ニーズに基づき、施設の機能を

活かして地域の子育てを支援する事業や活動を行うとして、相談援助、ショートステイやトワイライトステイ、夜間保育、DVなどからの緊急一時保護などの実施が求められている。図6－8に地域福祉サービスの実施状況について示す（米山他：2012年）。地域への福祉サービスとして、地域交流事業を行っている施設が50.6％、施設の地域への開放・貸し出し45.5％であった。ひとり親支援として、予防的な役割が期待できる"トワイライトステイ"や"ショートステイ"、"電話相談"についても、それぞれ35.1％、31.8％、36.3％と3〜4割の施設で実施している。

また、地域からのボランティアの受け入れについては、受け入れている施設が67.5％であり、ボランティアの活動内容の内訳は図6－9のようになっている（米山他：2012年）。施設の子どもに関する活動である、行事（72.1％）、学習（54.9％）、保育・学童保育（47.6％）が高率となっている。その一方で、ボランティアを受け入れていない施設が32.5％であった（米山

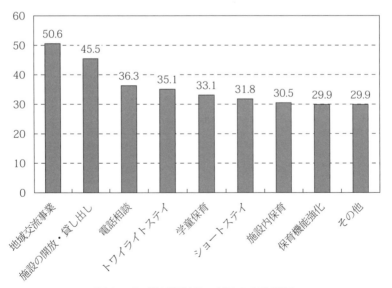

図6－8　地域福祉サービスの実施状況

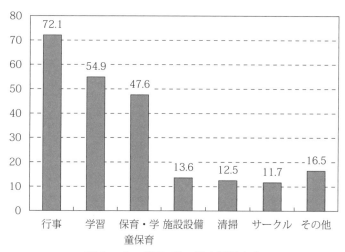

図6―9　ボランティアの活動内容

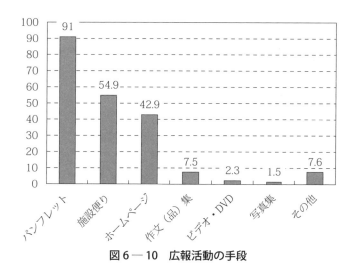

図6―10　広報活動の手段

他：2012年)。

　地域などにおける母子生活施設への理解を高めるための広報活動については、図6―10に示すように、ほとんど施設でパンフレットの作成を行ってお

り（91.0％）、続いて施設便り（47.4％）、ホームページ（42.9％）であった（米山他：2012年）。地域連携や専門機関との連携が謳われている一方で、DV被害者が利用するといった、母子生活支援施設の特殊性から、どこまで地域に開かれた施設であればよいのか、地域に開かれた施設となるためどのようにしたらよいのかなどについて、葛藤を感じている職員もいる（米山他：2012年）。

（5）母子生活支援施設の課題と今後のあり方

　全国にある母子生活支援施設154施設に対する「母子生活支援施設に対して日頃感じていること」に関する調査結果を表6－7に示す（米山他：2012年）。

　表6－7にあるように、①家族を支援する施設として、その社会的な役割をしっかりと果たしていきたい（12.7％）、②支援の専門性が多元的、多層的になってきており、対象も外国人や精神疾患の母親など多岐にわたって、支援が難しくなってきている（12.2％）、③「人（職員配置、職員の資質向上など）」、「金（運営費など）」が追いつかず、支援の低下が心配（支援の低下が起こっている）（11.7％）、④利用者に発達障害者、知的障害者、精神障害者、身体障害者が増えてきており、外国人も増えてきていることから処遇が困難になってきている（8.6％）、⑤関連機関や地域との連携、ネットワークの構築が必要である（8.6％）、⑥母子生活支援施設が社会・地域、行政の中で良く理解、認知されていない（7.6％）、⑦父性をどう保障するかなど、母親のいる中での子どもへの支援の在り方、母親支援の在り方が難しい（7.1％）といった7項目で、全体の約70％を占めており、母子生活支援施設のあり方を考えていく上において検討すべき様々な課題が示された結果となっている。

　はじめに「①家族を支援する施設として、その社会的な役割をしっかりと果たしていきたい（12.7％）」については、「言葉にできないニーズを一緒に探

第 6 章　母子生活支援施設における家族援助の実際　　　*165*

表 6 － 7　母子生活支援施設について感じていること

内　　　容	度数（割合）
家族を支援する施設として、その社会的な役割をしっかりと果たしていきたい	25（12.7%）
支援の専門性が多元的、多層的になってきており、対象も外国人や精神疾患の母親など多岐にわたって、支援が難しくなってきている	24（12.2%）
「人（職員配置、職員の資質向上など）」、「金（運営費など）」が追いつかず、支援の低下が心配（支援の低下が起こっている）	23（11.7%）
利用者に発達障害者、知的障害者、精神障害者、身体障害者が増えてきており、外国人も増えてきていることから処遇が困難になってきている	17（8.6%）
関連機関や地域との連携、ネットワークの構築が必要である	17（8.6%）
母子生活支援施設が社会・地域、行政の中で良く理解、認知されていない	15（7.6%）
父性をどう保障するかなど、母親のいる中での子どもへの支援の在り方、母親支援の在り方が難しい	14（7.1%）
母子生活支援施設は、母子が一緒に生活し、支援を受けられる唯一の施設であり、その存在意義は重要でニーズも増してきている	14（7.1%）
支援されることを当たり前と思い、自己中心的・身勝手で自立をしようとしない人が増えてきている	12（6.1%）
母子生活支援施設の役割が、自立支援へと変わってきている	9（4.6%）
貧困、低所得からの自立の意欲が低下しきている	8（4.1%）
家庭の状況がより複雑化してきており、その実態	6（3.0%）
退所後のアフターケアーの重要性が高まっている	5（2.5%）
耐震補強など危機管理の体制が遅れている（資金がない）	4（2.0%）
母親の低年齢化により、保育所への入所ニーズが高まっているが、それができず結果的に自立の妨げとなっている	3（1.5%）
利用者が少ない	1（0.6%）

り、見い出し、一人一人の希望に沿った支援をしていきたいと思う（少年指導員、45 歳、女性）」、「母子生活支援施設は、母子が一緒に生活しつつ、共に支援を受けることのできる雄一の児童福祉施設という特性を持っている。日常生活の様子を見つつ "児童の安全と発育"、"母子の保護と自立" について充実し

た支援をしていきたい（母子生活指導員、43 歳、女性）」、「はやく自立してい
けるようにこの施設を生かして日々の入所者の皆さんにも頑張ってほしい。応
援していきたい（施設長、59 歳、女性）」といった内容が述べられている。入
所者がより多様化し、その支援のあり方が難しくなっている中で、母子生活支
援施設の役割の独自性を自覚し、その社会的使命を果して行こうとする決意や
意思を表明するような内容を示すものが多く見られた。

　しかしながら、「②支援の専門性が多元的、多層的になってきており、対象
も外国人や精神疾患の母親など多岐にわたって、支援が難しくなってきている
（12.2％）」〜「⑦父性をどう保障するかなど、母親のいる中での子どもへの支
援の在り方、母親支援の在り方が難しい（7.1％）」については、現在の母子生
活支援施設の抱える課題点や問題点を指摘する内容となっており、入所者・入
所世帯が多様化し、複雑な社会的背景を持つようになってきていることから、
その支援がより困難になってきており、母子生活支援施設の個々の職員に対し
ても対人専門職としてより高い専門性が求められるようになってきているこ
と、それに対して行政の対応（財源や人的配置など）が追いついていないこ
と、それらの対応策として他の関連専門機関との連携の重要性が高まっている
ことについての内容となっている。具体的には、「職員の定数基準が低すぎる。
多様な母子の課題を支援する為には、今の職員基準では対応が難しいと感じて
います（母子生活支援員、49 歳、女性）」、「職員も専門を身につけ関連機関と
の連携を密にして支援をしていくが、基本的生活習慣も身についていない若い
層もいて、手厚く支援しないといけない状況にあります（施設長、58 歳、女
性）」、「複数の困難課題を抱えて入所される利用者の方が多数を占めるように
なりました。こうした困難ケースを支援する上で"心理職"による"心のケ
ア"がもつ重要性高まりつつあり、近隣の心療内科、学校、行政も含め多職種
との連携によるチームアプローチが支援において欠かせない状況です。また、
困難事例（特に精神疾患）を支援する職員の疲労・疲弊は相当なもので、児童

福祉施設最低基準の改正により職員配置増が決まりましたが人員増でも補えないほど職員の疲労の色合いは濃く、職員に対するメンタルケアの必要性が今後高まることも予想されます（施設長、53 歳、男性）」、「就労支援、経済支援の必要な家庭は多いが、施設の職員だけでは対応しきれなかったり、そうした基盤が十分に出来ていない福祉行政の限界を感じる（施設長、69 歳、男性）」といった記述がなされている。また、「⑥母子生活支援施設が社会・地域、行政の中で良く理解、認知されていない（7.6％）」に関しては、「DV 等で地域やマスコミに周知できない部分もありますが、母子生活支援施設は全国的に認知度が低く理解されていない施設であると感じます（特別生活指導費加算による職員、29 歳、女性）」、「母子生活支援施設に対する社会や行政の理解・認知度は低いと思います（施設長、59 歳、女性）」といった記述が見られ、社会的役割がますます高まっているにもかかわらず、その認知度が低いことを痛感しているといったことが述べられている。また、理解度・認知度が低いことによって、本当に支援が必要な母子が、母子生活支援施設を知らなかったことで入所の機会を失ってしまったり、行政の十分な助成が得られていないといった問題点を具体的に指摘する記述もあった。

　母子生活支援施設について日頃感じていることについては、上記の 7 項目以外にも多様な項目が挙げられている。これらの項目に関する記述内容を見てみると、「母子生活支援施設の支援の形態も変わってきて、生活に困窮する母子家庭に住む場所を提供する施設であったが、入所者の自立の促進のために、その生活を支援する役割になってきた（施設長、58 歳、女性）」、「入所者支援としての就労支援、市域社会に積極的に参加していただくための枠組みと DV 被害者を守っていく枠組みが 1 つの施設の中でアンバランスさを感じている（施設長、59 歳、女性）」、「"改正 DV 法"は、それまでの夫婦の問題とされていた DV を被害者の生命と暴力を目の当たりにする児童の福祉に関る問題として社会的に捉え始め、母子生活支援施設は緊急一時保護施設としての役割と、

DV 被害者が入所しし生活の基盤づくりを行う自立支援施設としての役割を担うようになりました。(中略) 母子生活支援施設の職員には経験と知識が今後ますます求められると感じております (母子生活支援員、49 歳、女性)」といったものがあり、母子生活支援施設の役割が、"母子が安心して生活できる場の提供" から、"就労支援、経済支援を行い、自立へと導いていく" へと変容してきている中で、両者のバランスをどのようにとっていったらよいのか、あるいは支援のあり方をどのようにしていったらよいのかなどについて、母子生活支援施設の職員が様々な葛藤を持っていることが示されている。また、他の専門機関や地域との連携についても、「最近よく思うのは、地域にある施設として、地域や関連専門機関との交流や協働をしていきたいのですが、DV 被害者も住まう施設なので、施設側できっちり線引きした上で地域に情報提供や施設機能の提供をしなければならないという難しさを抱えているということです。こういった安全確保と地域交流の狭間にあるのは母子生活支援施設だけではありませんが、施設としてその線引きをどこでするのか、十分話し合う必要がその都度あると感じています (主任、39 歳、女性)」といった記述に代表されるように、地域連携や専門機関との連携の重要性が謳われている中で、母子生活支援施設の施設としての特殊性から、どこまで地域に開かれた施設となるべきなのかについて葛藤を感じている職員がいることが示されている。これらのことは、今後の母子生活支援施設のあり方を考えていく上で検討すべき課題である。

4. 母子生活支援施設の実際

母子生活支援施設における家族援助の実際を学ぶため、関東地方にある 5 施設の事例について紹介する (米山他：2013 年)。

（1）A母子生活支援施設

1）施設の概要

社会福祉法人A会は平成17年4月にH市の要請を受け母子生活支援施設を開設した。同時に子ども家庭サービス事業も受託している。A施設は関東地方の大都市にあり、最寄りの駅より徒歩で約10分と交通の便もよく、閑静な住宅街の一角にあり、鉄筋コンクリート4階建てで母子室20戸、緊急一時保護室2戸、子どもショートステイ（宿泊型一時保育）・トワイライトステイ（夜間一時保育）1戸から構成されている。また、地階には地域住民に開放できる多目的スペースとしての地域交流スペースもある。

職員構成は、施設長1名、母子支援員3名、少年指導員兼事務員2名、保育士1名、調理員1名、心理療法担当職員1名、自立支援員1名、被虐待児個別対応職員1名であり、他に非常勤職員として嘱託医1名、特別生活指導員1名がいる。

2）家族援助の現状

A施設には様々な利用者がいて、家族支援といっても一様ではない。例えば、外国籍だった利用者ではビザの更新やパスポートの申請、日本語習得のための支援、離婚問題では通訳の依頼や弁護士との連絡調整までしなければならない。また、知的障害や精神障害を持っている利用者の場合、支援は起床時からはじまり、日中の過ごし方、授乳や離乳食、入浴の世話、金銭管理等の日常生活支援に加え、病院への通院介助まで生活のすべてに対し支援しているのが現状である。さらに、施設内の人間関係の調整、関係機関との連絡調整等があるので、障害者世帯が多くなると他の利用者支援に支障が生じるようになる恐れがある。最近は虐待をともなうケースが多くなっているが、A施設では、母と子に24時間事務室を開放しており、いつでも相談に乗れる体制をとっていると共に、母子が心理的に距離をとることが出来るようにも配慮している。基本的には母子それぞれに担当職員がつき、個別に対応し調整をとるようにして

いる。家族の再統合に向けては、分離→面会→外泊→同居といったプロセスに時間をかけて展開するようにしている。

　母子生活支援施設の特性からして、地域の家族支援で出来ることはあまり多くなく、市からの委託事業のみである。他は地域交流事業として年1回お楽しみ会を開催しているのみである。施設の利用者に対しては補助保育や学童保育も実施しており、電話相談や家事支援、学習支援は利用者と退所者に対してのアフターケアサービスとして行っている。

　今後の課題としては、退所前の訓練をする場であるサテライト事業が出来ればよりよい支援が可能になるのではないかと考えているとのことであった。

3) 家族援助の特徴

　A施設の家族援助の特徴は、2年間の在所期間の中で自立への支援を行うことであり、その自立の基礎として就労支援に力を注いでいることである。入所期は母子を全面的に受容する期間であり、職員が子どもを受けとめケアすることにより、母親自身に精神的な余裕が生まれ自分の将来について考えることが可能になってくる。

　生活保護の分野では、一般的に就職活動を開始して3～6ケ月が重要な期間であり、この期間に働くことが出来れば自立の可能性が大きくなる。A施設でも入所3ケ月を目処に、行動観察と面接で働くことについて考えてもらい、本人の適性を考慮しながら、求人情報を集め、ハローワークへの同行、履歴書の書き方指導、就職試験の面接練習等を行っている。また、働くための条件整備としての、子どもの保育所入所については市役所の子ども支援課との連絡調整も行っている。さらに、採用試験の時は面接会場まで同行し助言・指導を行っている。働くことで収入を得るようになると、利用者のお金の使い方も変化してくる。それはお金を取ることの大変さがわかってくるためである。さらに、働くことの良さは、働いている母親を子どもが尊敬するようになる点にもある。利用者が働き始めると、職員は職場訪問しサポートを行う。収入が増

え、生活が安定してくると、生活保護制度について解説し、辞退することも視
野に入れた支援をする。利用者が生活保護を受けないことにより、前向きに、
生きる力を増大させ、自信を持ってもらいたいためである。

　老人福祉施設で働いている利用者に対しては、資格取得を働きかけ、より安
定した生活が出来るように支援している。資格取得後は正規職員として採用さ
れる母親がほとんどである。

　これらの就労支援により、自立生活が可能となり退所した利用者に対して
も、入所利用者と基本的には同じ関わり方をしているところがこの施設の支援
の特徴である。一般的に何か困ったことがあると実家を頼ることが多いが、こ
この利用者は家族との関係が切れている人が多いため、家族に変わるものとし
てＡ施設が活用されればよいと考えている。この施設における就労支援の流
れをまとめると表６—８のようになる。

表６—８　Ａ施設における就労支援の展開

在所期間	就労支援過程	社会資源の活用
入所	母子施設生活安定期（受容）	市福祉事務所（生活保護） 法テラス 国際ボランティア協会（通訳） 日本語教室
3〜6ケ月	就職活動期	ハローワーク 市子ども支援課（保育所）
1年	就労体験期（非常勤）	市子ども支援課（保育所）
2年　退所	本格就労期（常勤）	Ａ施設 市子ども家庭支援サービス （ショートステイ・トワイライトステイ）

（2）B 母子生活支援施設

1）施設の概要

①施設の沿革

　関東地方のB母子生活支援施設は、生活困窮者を受入れる公立の施設として、戦後の混乱期に設立された。児童福祉法制定時、「母子寮」として認可された。設立から約5年後、困窮母子家庭の増加を背景に、1施設が増設された。昭和30年代前半に改築されたが、高度経済成長のもと利用者の減少もみられたことから、昭和50年代には2つの施設を合併して現在地に移転、新築された。平成10年の児童福祉法改正により、名称は母子寮から母子生活支援施設へと改められた。平成15年頃に、公立施設から老人福祉施設や障害児者施設など多数の施設を経営している社会福祉法人立へと経営主体が移管された。その後、DV被害の増加から、母子生活支援施設の需要が再び増大し、新たに母子生活支援施設が設立され、再び2施設となった。現在は入所事業に加え、母子緊急一時保護事業、婦人相談センターの一時保護委託事業を実施している。

②理念と基本方針

　施設の理念は、「利用者、皆さんのひとり一人のニーズを大切にし、心と生活の安定を築きながら、母と子の幸せのために誠心誠意支援いたします」と謳われている。2つの施設とも、住宅の提供だけではなく、生活・住宅・子育てと教育、就労、精神的な問題など、母子の抱える様々な問題に対し親身な支援を行うことを基本方針としている。安全で安心できる環境の確保、社会資源を最大限活用した早期自立への支援体制をめざしている。

③入所者及び職員構成

　入所施設としての定員は19世帯である。最近は、長期入所者の子どもが成人するなどして、自立者が続き入所世帯が減少しているほか、近年では一般のアパートを希望する利用者も増えていることが背景にある。直接的な入所理由

は経済的困窮であるが、精神疾患やDVを伴うケースが増加している。DVのケースが大半と言える状況である。在所期間は数ヶ月から7〜8年まで、さまざまである。長期入所ほど自立が難しく、対応が難しくなる。

職員構成は、施設長1名、少年指導員1名、母子支援員2名、嘱託医1名、警備員2名である。心理職は配置していない。警備員以外は多くは女性であるが、男性職員も1名いる。

2）家族援助の現状

①入所利用者への家族援助

入所利用の親子に対しては、家族援助を前面に出した支援を特に何かするということではなく、毎日の入所者への対応が家族援助そのものであると考えている。日常的な親子の状況を把握するようにすることによって、必要に応じた対応を行えるようにしている。

学童保育、施設内保育、トワイライトステイ、電話相談、地域の子育て支援などは事業としては実施していない。しかし、親が体調不良を訴えている時には学童保育や施設内保育などを行っている。体調不良の背景には、親の精神的な不安定や心身の疾患の悪化、ネグレクトなどが隠れていることもあるので、表面的には体調不良への支援と位置づけながら、本当の理由を見落とさないように注意を払い、家族援助を行っている。

退所に向けた相談や退所後のアフターケアは実施している。退所者から電話がかかってくることがあれば、十分に話を聞いて、必要な支援があれば、地域の社会的資源と結びつけるなどの支援も行っている。行事などをきっかけにして退所者に連絡し、様子を把握し、異変を感じれば施設に遊びに来るように声かけをしている。大量の食品を寄付してくれる企業があるので、それを配ることを入所者との会話や退所者への連絡をとる糸口にして連絡を取り、その時々の生活状況やニーズ把握を行っている。

②緊急一時保護利用者への家族援助

　行政から依頼されるのは年間 6〜8 件で、身体的虐待ケースが多く緊急性が高い。依頼があれば、一時保護利用として受入れ、2 週間の入所期間に転宅先と仕事を両立できる場所を探すが、虐待の場合は他県への転居も視野に入れて探している。転居受入れを拒否する行政や家を貸そうとしない不動産業者もあり、行政担当者だけでなく不動産業者との連携が欠かせない。最近では、理解ある不動産業者と連携ができるようになり、適切な住まいを見つけるために協力してくれるので助かっている。

③地域の家族への支援

　地域との交流は大事であると考えて入るが、地域の家族援助の事業を特別には行っていない。施設の立地する地域は、昔からの住民が多く、自治会組織もしっかりしているので、自治会に加入して、地域のごみゼロ作戦や防災訓練、防犯パトロールなどの自治会事業には職員が参加し、利用者にも呼びかけて可能な利用者には参加を促している。施設設備として地域に開放できるものが無いのが現状であり、開放や貸し出しは行っていない。施設の性格上、利用者の情報には注意を払う必要性も高く、地域との交流を大々的に行うのが難しい面があり、その一方、施設が閉鎖的で地域への援助をしていないと受け取られることも施設にとってマイナスであることから、地域の家族援助は今後の課題である。

3）家族援助の特徴

①現実に即した援助

　母子生活支援施設では家族統合に向けた支援を積極的に行っている施設も多いが、B 施設ではそうした取組を積極的に行うというよりは、入所利用や緊急一時保護の利用者のケースに必要な支援は何かという視点から援助を組み立て、それが結果としては家族援助になっているという考え方で進めている。最初に家族援助ありきで援助をするよりはケースの現実に即して必要な家族援助

を見極めることを優先している。

　最近は福祉事務所の勧めを断る親が多くなり、全国的に母子生活支援施設への入所世帯は減少傾向にある。普通のアパートを借りて住みたいという要望が強くなっているが、その背景には母子生活支援施設の役割が正しく理解されていないということがあり、母子生活支援施設の大きな問題である。すなわち、施設の制約をきらってアパート暮らしを希望したために、必要な支援が届かなくなる恐れがあり、問題解決のきっかけを逃したり問題が複雑化したりするからである。施設の役割や支援の重要性について正しい理解を促す努力が必要である。

　②家族再統合の困難事例の増加

　近年では、複数の障害を重複して持っているケースや外国人のケースが増えており、住まいと仕事を見つけて自立という構図での自立支援が困難である。特に精神疾患のある親のケースは難しく、医療的ケアや障害者施設でのケアが必要なケースが多くなっていて、子どもと分離しなくてはならず、再統合の見通しもほとんどない。子どもは何重にもストレスや不利にさらされていて、親子が一緒に暮らす環境が子どもにとってプラスになるか疑問である。子どもを分離して児童養護施設など適切な環境のもとで生活力を高めることが必要ではないかと考えている。長らく適切なケアを受けられずに問題が複雑化すると解決は難しいので、家族統合が可能な早期の介入が大切である。その点からも母子生活支援施設の職員はソーシャルワークの視点を持って、利用者の関係作りや生活場面面接の力量を備え、意図的に関わる力や「見えないことをよく見る力」を高めることが必要である。

（3）C 母子生活支援施設

1）施設の概要

①沿革と方針

C 母子生活支援施設は、現在都内の H 区立の施設であるが、民間の施設として創設され、その歴史は 90 年と長い。元女性教師である創始者は、女性の社会的自立を目指し、関東大震災後の大正 11 年、内職婦人同盟各種相談事業を開始し、以降、生活に困窮する母子に目を向けて活動してきた。昭和 26 年に開設した生活保護法更生施設はその後、社会福祉施設母子寮に名称変更となり、母子のために支援を継続してきた。平成 10 年に区より運営委託を受け、指定管理者制度により区立母子生活支援施設として多数の事業を展開している。現在、法人として、都内に当施設を含めて母子生活支援施設を 3 カ所、母子生活支援施設の付帯事業として子育て短期支援事業を 3 カ所、放課後児童健全育成事業（学童保育）を 2 カ所、一時預かり事業を 2 カ所、公益事業としてのファミリー・サポート・センター事業を 1 カ所、保育所を 2 カ所運営している。

施設の基本方針は、"社会的養護の対象者への支援の充実"、"地域への連携"、"家庭福祉の推進"を柱に、創設者の事業開始時の思いである「どんな家庭でも地域で生活できるためのお手伝いをする」ことであり、「母と子の幸せを護る」事業を進めている。

②定員

この母子生活支援施設は 20 世帯を定員とし、この他に緊急一時保護事業として 1 世帯の定員を有している。

③職員構成

職員構成は、施設長 1 名、母子支援員 3 名、少年指導員 2 名、保育士 1 名、調理員（総務担当）1 名、嘱託医 1 名、心理担当（臨床心理士）1 名で、常勤職員が 8 名、非常勤職員 3 名、パート職員 3 名である。

2）家族援助の現状

①母親の子育て支援と子どもへの支援の実施

母親への自立支援（就労支援・子育て支援・生活支援）と同時に子どもの支援（未入所児保育・補助保育．病後児保育．学童保育・学習指導・子ども会）に力を入れており、乳幼児への支援・児童への支援・親子支援を行っている。地域の単身女性・母子世帯・親子世帯に対して、緊急一時保護事業や子育て支援を行っており、その後、母子生活支援施設に入所する事例もある。

②利用者の状況と支援

C施設の利用者は、生活困難、住宅困難が最も多く、仕事もなく、家もなく、実家にも母子の住める部屋がない状況にある。フィリピン国籍など外国籍の事例もある。DVや虐待児への支援事例もある。利用者の半数近くは精神科通院が必要であり、入所の折に就労困難との診断を受けている。アルコール依存の例もある。家事なども含めて生活する力や親としての自覚に乏しい場合も多い。例えば、子どもを早く寝かしつけなければならないという意識がないので、施設の門限である午後10時を守れないなど、母親の生活の中で子育ての優先順位が低い。母親にとって子どもが重荷ではなく、子どもといることの楽しさを知ってもらい、親としての役割や家族の愛情を伝えられるよう働きかけたり、利用者の心理的安定を目指すために、臨床心理士を配置し、個別アプローチやグループアプローチプログラムを実行したりしている。C施設では、入所期間を通して利用者が自分の課題に向き合い、家族との関わり方について学び、社会資源をうまく活用しながら地域で生活し、退所後にも信頼できる人（親や兄弟、病院の医師など）とつながれるよう関係調整をすることを重視している。

例えば、外国籍の利用者で、夫（日本人）からのDVのために入所に至った事例は、日本に2人、母国に3人子どもがいた。日本にいる子どものうち、一人は乳児院にいたが、入所後母親が落ち着いてから、休日の交流などを経

て、半年後に引き取り、保育所を紹介して上の子どもとともに入園することができた。持病があることや学歴がないこともあり、就労が困難であったが、外国人ためのサポートセンターからの支援を受けたり、行政との関わり方や日本の制度について助言したりしながら、職種が限られる中で就労支援を行った。母親の体調がすぐれないときには、職員が保育所の送迎を行った。子育ての仕方や風習の違い、宗教上の問題などについては、話し合いながら配慮できるように心がけた。退所後のアフターケアを考えて、この施設周辺の住居を紹介し、困ったときには来所してもらい、相談に応じている。また、母の会や子ども会、行事などへの参加を通して、退所後も関わりをもつことができる。

3）C母子生活支援施設における家族援助の特徴

C施設では、社会的養護を必要とする世帯が2年間という短期間で自立し、地域で「安全で安心な生活」を送ることができるように、「親子の自立支援」「退所後のアフターケア」「安定した心のケア」に重点をおいて運営している。

①家族を支える様々な支援

家族を支える事業・サービスとしては、"学童保育"、"施設内保育"、"トワイライトステイ"、"電話相談"、"地域交流事業（地域の行事に参加し、施設の行事に招く）"、"施設設備の開放・貸出し（施設のお祭り、ヨガ教室など）"、"その他のサービス：ショートステイ・緊急一時保護事業（母子・父子・単身世帯・高齢者）・母の会（母子生活支援施設および退所者の会）・子ども会（各母子生活支援施設）・休日デイ（地域向け：日祭日、年末年始）"などを行い、母の会、子ども会には退所した母親や子どもも参加している。乳幼児には、「保育所への入所が難しい場合の"未入所児保育"」、「休日の保育や母親の通院などで同伴が難しい場合の"補助保育"」、「病気の回復期だが、保育所には預けられない子どもの"病児保育"」などの対応を実施している。学童以降の児童は、土日を除く毎日、児童個々の能力に応じて学習会を実施している。学習指導には施設職員

の他汗大学の継続的な協力を得ている。この大学生によるボランティア活動は今年度、「区政功労者」として区から表彰を受けている。地域での安定した自立生活を送れるように見守りを中心としたアフターケアを行っている。退所が近づくと「施設内での自立」から「地域での自立」への移行を意識した支援を行う。退所後も電話相談や来所相談、法人内の支援事業、地域の社会資源との連携を図っている。C施設は、母子生活支援施設が地域で生活するための支援を充実させるためには、対処療法的ではなく、母子保健の力を強化し、回復への支援のために相談機能を高める必要があると考えている。子ども家庭支援センター、児童相談所、保健所、病院、行政ともネット会議をもち、必要に応じて退所後も継続している。母親の精神面の安定や子育ての不安を解消するために、常勤の臨床心理士と連携をとりながら支援をしている。

②職員の資質向上と育成

C施設への入所理由としては住宅困難や生活困難や生活環境の不良などが多いが、様々な課題を複合的に抱えている利用者も多いことから、職員との信頼関係を築きにくい。このため、利用者の生活背景を理解し、思いを充分に支援に結びつけることを重視して、当施設では職員自身がチームワークと役割分担を明確に認識して対応できるよう、職員の資質向上に務めている。特に、要保護児童の家庭支援に対応できる職員育成に力を入れ、法人内の全施設が合同で母子事業部研修会を行っている。

4) 家庭福祉を担うチーム

人材育成プロジェクトを立ち上げ、職員自らが「行動指針」を作成したり、外部講師による研修の実施、第三者委員との事例検討会、研究発表を行ったりして、支援に必要なスキルや態度を習得するように努めている。「行動指針」には、創設の精神に学び「家族福祉を担うチーム」として「どんな時でもあたたかい存在でいること」「全力を尽くし、決してあきらめないこと」「何があっても親身に考えること」を大切にしたいと書かれている。求める人材像とし

て、「信頼を第一に行動できる人材」「相手の立場にたって行動する人材」「自然な笑顔で接することのできる人材」の3つを掲げている。さらに、「家族福祉を担うチーム」として、情報や状況を共有し確認すること、仕事の状況を周囲にわかるようにしておくこと、一人に仕事が集中しないように配慮すること、仕事や悩みを一人で抱え込まず、進んで周りに協力を求めることなどを心がけ、「個人で支援を行うのではなく、チームで取り組む」ことを明確に示している。

5）利用者への具体的な対応

C施設では職員との日常的な関わりを通して、母親が自分本位ではなく、自分を大事にしながら、愛情をもって家族を大事にできることの大切さを伝えようとしている。母親が、子どもと共に日常生活を普通に過ごす力を身につけたり、家庭的な温かさを知るための支援に力を入れたりしている。例えば、職員からの「行ってらっしゃい」や「おかえりなさい」の温かな声かけに対して、母親から「行ってきます」や「ただいま」などが返ってくるまで、さらにはそのやりとりが笑顔で自然に行えるようになるまで、職員は根気強く対応している。前述した「行動指針」には、「利用する方への宣言」として、「いつも明るい顔で挨拶を行い、どんな時もあたたかい存在でいます」「利用する方の立場に立って聴いて、考えます」「安心・安全な環境を作ります」とあり、職員は日々その実践を心がけている。

（4）D母子生活支援施設

1）施設の概要

D施設は、東京都内の下町（住宅地）にある公設民営の母子生活支援施設である。大きな団地が近くにあり、子どもや高齢者の割合が比較的高い地域である。また近くには学校、福祉施設（保育所や高齢者施設）、発達支援センターなどの社会資源が多く集まっている。

第6章　母子生活支援施設における家族援助の実際　　181

　建物は、鉄筋コンクリート5階建てであり、1階と2階部分の約半分は保育所である。母子生活支援施設として用いている部分の延べ面積は1,453㎡で、定員は25世帯（24世帯十緊急避難1世帯）である。施設設備は、母子室：25室［1K（6畳）：11室、2K（6畳．4.5畳）：12室、2K（6畳・6畳）：2室］、事務室、学習室、多目的室、管理人室、倉庫となっている。

　職員構成は、配置基準の通りであり、正規職員として、施設長1名と母子指導員・少年指導員が6名（特のこの2つの役割を分けてはいないとのこと）、その他に臨時職員2名、17：00〜20：00に保育士の臨時職員2名（日替わりで毎日1名が出勤）と学習担当臨時職員1名が勤務している。

　施設の理念としては、「利用対象の母子を保護するとともに、単に住居の提供だけでなくその自立を促進するため、個々の状況に応じて就労・生活及び児童の養育に関する支援を行う」であり、2013年度の目標として、「利用者との信頼関係の構築と利用者本位のサービスの提供」、「サービスを効率よく提供するために職員間の情報共有化の促進」、「地域との連携」の3点を挙げている。特に、地域交流活動には力を入れており、餅つき大会、地域ふれあいコンサート、納涼会等の行事を開催している他に、多目的室を地域の子ども達に開放している。

2）家族援助の現状

　D母子生活支援施設では、母子の保護と自立のための就労支援、学習支援等のサービス提供に力を入れており、学童保育、トワイライトステイ、電話相談、施設設備の開放・貸し出しなどの事業は原則として行っていない。施設内保育についても、母親の事情で一時的に行うことはあるが（例えば、母親が就職の採用試験を受験しにいくので、その間子どもを預かる等）、そのための保育士が配置されているというわけではなく、そのとき施設内にいる職員が対応するといったかたちで行われている。その一方で、地域交流事業は、第3者評価でも指摘されているところなので積極的に行われており、餅つき大会、コ

ンサート、地域行事への参加、多目的室の地域の子どもへの開放などを行っている。ただし、シェルターの機能も持っているので地域との連携には難しさもあり、住所や電話番号等は公開していない。地域との連携は進めていきたいが、施設の性格上そうも行かないところもあり、バランスをどのように図るのかは難しい。

　母親の自立支援については、2年間の自立支援計画に沿って行われている。以前は子どもが自立するまで長く住居するケールも多く見られていたが、最近は離婚やDV等からの回復と自立を図ることに力を入れており、入所期間も原則2年間としている。自立支援として、資格取得を進めることもあり、そのための資格試験の受験対策も行っている。また、履歴書の書き方や面接練習をするなどの就職試験対策も行っているが、仕事の斡旋は行っていない（できない）。さらに、子どもの学習支援にも力を入れており、学習支援の担当職員が中心になって、日々の学習支援（学校の予習・復習や定期試験対策）や受験勉強対策等を行っている。入所してくる子ども達は、学習するという習慣が身に付いていないことが多いことから、この学習支援はとても有効である。

　なお、母子生活支援施設を退所してから生活が崩れてしまうというケースについても聞くことがあるが、退所後のアフターケアを現在は行ってはおらず、また再入所するというケースも今のところない。退所後のケアの難しさは、日々感じている。アフターケア、家族統合支援、虐待支援等はもっと行われるべきであり、地域の家庭全般への支援ができるようになれればよいとは考えているものの、現実的には無理な状況である。

　外国籍の方は全体の1〜2割（中国、バングラディシュ）であり、言葉の壁の問題がある。そこで、まず日本語を学ぶことから始めることが多いが、母子生活支援施設の職員が日本語を教えることもあるし、地域の日本語教室を紹介することもある。

3) 家族援助の特徴

D母子生活支援施設に入所する母子は、離婚して経済的な基盤を失ってしまったり、離婚の調停等でトラブルを抱えてしまったりした母子が多い。そこで、その生活基盤の確立と経済的な自立のための支援に力をいれている。その点にこの施設の家族支援の特徴があり、例えば、母親の資格取得のため、あるいは子どもの日々の学習や受験のための学習支援に力を入れている。そういった支援が積極的にできる理由としては、学習担当の臨時職員のいることや子どもに勉強を教えたり、資格取得のための受験対策を行ったりすることができる職員が多いことが挙げられる。また、子どもの学習・生活支援の一環として、食育にも力を入れており、子ども達を集めてクッキングを行ったりもしているが、これは子ども達に生活習慣をしっかりと身につけさせていきたいということが背景にある。

（5）E母子生活支援施設

1) 施設の概要

E母子生活支援施設がある市は、緑豊かな閑静な住宅街のなかにあり、最寄りの駅の近くには商店街や小学校、また病院もあり、年間の施設行事等を通じて、地域住民の方との交流も行われている施設である。昭和20年代初めに、E母子生活支援施設は、「F母子寮」として開設され、100世帯300名定員で施設運営を開始した。児童福祉法の認可をうけた後、定員変更の認可を何回か経てから、昭和40年代初めには現在の20世帯60名定員となった。そして平成9（1997）年の児童福祉法の改正により、施設種別が変更され、「母子寮」から現在のE母子生活支援施設という名称になって現在に至っている。

職員構成は、施設長、母子支援員、少年指導員兼事務員、生活支援員、非常勤相談員（心理）、嘱託医の16人（非常勤も含む）であり、とくに心理職の非常勤相談員が他の施設と比べ多く在職していることが特徴的なことである。

E母子生活支援施設に在職する母子支援員は入所している母親に対して、生活全般において社会的・精神的・経済的な自立を促す支援を行い、またさまざまな相談に応じ、小さい子どもがいた場合は、職員が朝から保育をして、母親の求職活動の理由による補助保育も実施している。子どもには、少年指導員が小学校以上の学習指導・生活指導・進学指導の相談役として、健やかな成長を援助している。また乳幼児には、補助保育を行って、発達を促す支援をしている。施設での生活は、居室は家庭（世帯）ごとに独立した個室で、生活や炊事は家庭ごとに行う。施設の建物のつくりは、1階には、エントランスホール、事務所、保育室、宿直室、医務静養室等があり、2階には、集会室、心理室、学習室と、居室（11部屋）と屋上が設置されている。3階には、居室（11部屋）と屋上が備えられている。それぞれの居室には、洋室と和室、キッチン、浴室、トイレ等が設置されている。また、E母子生活支援施設の季節行事は、春には「ひなまつり・節分豆まき・学童遠足」、夏には「学童キャンプ・子ども神輿、納涼の夕べ」、秋には「地域のフェスティバル・母子レクリエーション」、冬には「母子クリスマス会」などが行われている。月例行事は、子ども会、工作会、習字教室、映画鑑賞会、学童レクリエーション、防災訓練、心理相談なども担当職員も交えて行われているようである。

2) 家族援助の現状

　E母子生活支援施設の家族援助の現状としては、DV被害者に対する援助があげられる。施設では12世帯（定員20世帯中）がDV経験者であり、相手との離婚という話になれば、弁護士をたてて裁判となることがある。その場合、職員たちは相談援助をする。DVでは暴力もあるが、心理的なものが多い。経済的な虐待やネグレクトもある。以前は、再婚相手の男性による子どもに対する性的虐待もあった。外国籍利用者に対する援助は、フィリピン・タイの方、過去には中国・韓国、ブラジル・アルゼンチン・ドイツ等、多国籍の利用者が多い現状がある。外国籍の子ども（小・中学生）の場合、日常会話の細

第6章　母子生活支援施設における家族援助の実際　　185

かい会話は通じず、施設では学校より配布されたプリント等は、母親と一緒に
ふりがなやローマ字をふって理解させている。

　また、学生ボランティアの方に子どもたちの勉強を見てもらい対応してい
る。知的障害や精神障害の利用者は、施設に8人の障害児がいるが（ボーダ
ーの子どもを含む）、母親が子どもの障害を認めないので、公的な援助が受け
られない。支援困難な母親の援助は、後片付けができない母親の場合、子ども
とセットで支援をしている。大きい子どもがいる場合、部屋（居室）で勉強を
やりたいと言うことをチャンスに職員が援助する。料理が出来ない母親の支援
は職員と協力する。外食等で済ませる場合は、生活費の介入もしなければなら
ない。虐待児の対応については、心理士と連携して取り組んだ方がうまく効果
が出るようである。施設の中で治まらない場合は医療に繋ぐ場合もある。家族
再統合のについては、母親自身が精神障害（統合失調症）をもった方がいて、
子どもを産んだのですが、母親の状態を勘案し、子どもは養護施設で育った。
その後、子どもを施設で生活させたい母親の希望で、週末に養護施設の中で訓
練をした。だが、母親は料理や子育ての経験がなく、環境がぜんぜん違う場所
で育ったため母子統合は難しかった。⑦就労支援であるが、小さい子どもを抱
えた母親が求職活動からの理由で補助保育を行っている。求職活動は市役所の
就労支援員に相談し、ハローワークへ繋ぐという流れをとっている。

3）家族援助の特徴

　E母子支援施設における家族援助の特徴は、前述したように親と子どもの
「心理」に関して力を入れているということである。G主任が「施設では心理
士さんと連携で仕事を行っている。お子さん・お母さんに限らず精神的なスト
レスがある（特に子どもさん）。障害をもった方やボーダーすれすれの難しい
子もいるので、その点を配慮して支援が出来ればと考えています。親と子ども
の心理については、職員全員で話し合いをしています」と言っているように、
施設の家族援助は、心理的技術が基盤にとなっている。また「特に入所時の子

どもさんは、いろいろな表情を見せます。会話の中でとか、動きとか、お母さんが心理士さんとお話する時には、職員が幼児さんを預かります。私たち職員は、そうした遊びの中で年齢や言葉・動きを感じ取ります。夜型の子、寝られない子もいますが、その場合はお母さんと共に支援・訓練をします」とも述べている。

　E母子生活支援施設では、母子の保護や住居の提供、そして、その自立促進のための母親の自立支援・就労支援のみならず、子どもの学習支援に力を入れている。施設に入所してくる子ども達は、基本的生活習慣が身に付いていなかったり、学校で勉強することへの動機付けが低かったり、勉強する習慣がないといった問題を抱えていることも多い。また、学習塾などに通いたいと思っても、経済的な理由で通えない子どももいる（助成制度はあるが、全員が使える制度ではない）。そういった中で、精神的にも不安定な母親に対する支援を職員との相談・カウンセリングなどを通して行っていくことで、母親が精神的に安定し、仕事もできるようになって安定した収入が得られるようになってくれば、母子生活支援施設の家族への支援内容も、例えば受験を迎えた子どもの学習支援にシフトすることで、志望校への合格へと導くことができ、その後の子どもの就職もスムーズにできたなど、母親を支援していくことが、子どもの自立支援に主つながっていく。母子生活支援施設は、数ある児童福祉施設の中で、家族や家庭そのものを直接的に支援する施設である。社会全体の中で家族の孤立化が進んでいる現状の中、母子生活支援施設の支援は、家族とその中で生きている母子一人ひとりを自立へと導いていく支援でもある。こういった家庭や家族を社会全体で支えていくような環境がますます必要であり、そのためには社会全体を巻き込んで家庭や家族を支援していくような雰囲気の醸成が重要である。

【参考文献】

（1）　下村美刈、日下部美衣（2008）「母子生活支援施設児童への学習支援について」愛知教育大学教育実践総合センター紀要、第11号、279〜286頁

（2）　堀場純矢（2006）「母子生活支援施設における家族支援の実態」東海女子短期大学紀要、第32号、81〜93頁

（3）　米山岳廣、田中利則、大久保秀子、鳥海順子、齋藤正典（2012）「母子生活支援施設における家族援助の実態に関する研究」武蔵野大学教職研究センター紀要、第1号、49〜70頁

（4）　米山岳廣、田中利則、大久保秀子、鳥海順子、齋藤正典、杉崎敬（2013）「母子生活支援施設における家族援助の実態に関する研究（Ⅱ）」武蔵野大学教職研究センター紀要、第2号、27〜43頁

【編集担当者】

米山　岳廣	〔武蔵野大学〕	第1・2章
大久保　秀子	〔浦和大学〕	第3章
田中　利則	〔湘北短期大学〕	第4章
鳥海　順子	〔山梨大学〕	第5章
斉藤　正典	〔相模女子大学〕	第6章

【家族援助研究会員】

阿部　和子	〔大妻女子大学〕
長島　和代	〔前・小田原女子短期大学〕
杉崎　敬	〔立教大学〕

家族支援の実証的研究

2017年5月30日　初版発行　　　　　　編著者　　家族援助研究会
　　　　　　　　　　　　　　　　　　　発行者　　鈴木　康一

発行所　　　（株）文化書房博文社
　　　　　　〒112－0015　東京都文京区目白台1－9－9
　　　　　　http://user.net-web.ne.jp/bunka/
　　　　　　電話　03（3947）2034　FAX　03（3947）4976
　　　　　　振替　00180-9-86955

ISBN 978-4-8301-1298-0　C1036　　　　印刷・製本　シナノ印刷株式会社